ENGEL

ENGEL

David Pawson

Anchor Recordings

Copyright © 2021 David Pawson Ministry CIO

ENGEL
English title: ANGELS

David Pawson ist gemäß dem Copyright, Designs and Patents Act 1988 der Urheber dieses Werkes.

Alle Rechte vorbehalten.

Herausgeber der deutschen Ausgabe 2021 in Großbritannien: Anchor, ein Handelsname von David Pawson Publishing Ltd. Synegis House, 21 Crockhamwell Road, Woodley, Reading RG5 3LE UK

Dieses Werk ist urheberrechtlich geschützt. Ohne vorherige schriftliche Genehmigung des Verlages darf kein Teil dieses Buches in irgendeiner Form vervielfältigt oder weitergegeben werden. Das betrifft auch die elektronische oder mechanische Vervielfältigung und Weitergabe, einschließlich Fotokopien, Aufzeichnungen und Systemen zur Informations- und Datenspeicherung und deren Wiedergewinnung.

Die Bibelzitate wurden, soweit nicht anders angegeben, der Bibelübersetzung Lutherbibel, revidiert 2017, © 2016 Deutsche Bibelgesellschaft, Stuttgart, entnommen sowie der Hoffnung für Alle® (Hope for All)© 1983, 1996, 2002, 2009, 2015 by Biblica, Inc.® mit freundlicher Genehmigung des Herausgebers Fontis (HfA).

Übersetzung aus dem Englischen: Lisa Schmid, Ditzingen

Weitere Titel von David Pawson, einschließlich DVDs und CDs:
www.davidpawson.com

KOSTENLOSE DOWNLOADS:
www.davidpawson.org

Weitere Informationen:
info@davidpawsonministry.com

ISBN 978-1-913472-45-0

Gedruckt von Ingram

Inhalt

VORWORT   9

1. GUTE ENGEL   11
2. BÖSE ENGEL   29
3. KONFLIKT ZWISCHEN   49
   ÜBERNATÜRLICHEN MÄCHTEN

Grundlage dieses Büchleins ist eine Reihe mündlicher Vorträge. Vielen Lesern wird daher der Unterschied zu meinem gewöhnlichen Schreibstil auffallen. Das soll sie jedoch, wie ich hoffe, nicht vom Inhalt meiner biblischen Erörterung ablenken.

Wie immer bitte ich meine Leser, alles, was ich sage oder schreibe, mit dem biblischen Text zu vergleichen. Wenn sie irgendwo einen Widerspruch entdecken, fordere ich sie hiermit auf, sich am klaren Wortlaut der Bibel zu orientieren.

David Pawson

VORWORT

Eines späten Abends fuhr ich mit einem Freund in einem schweren Schneesturm zurück nach Basingstoke. Als wir die Stadt erreichten, waren die Straßen verschneit und vereist. Mit unserem Allradfahrzeug passierten wir viele liegengebliebene Autos (über eintausend in dieser Gegend, wie wir später erfuhren). Doch selbst unser Allradfahrzeug schaffte es nicht den Hügel vor meinem Haus hinauf. Mehrere leere Autos lagen an seinem Fuß, auf einer blanken Eisdecke. Wir kamen bis zur Hälfte hinauf, dann fanden die Reifen keinen Halt mehr und wir rutschten, bis wir stillstanden.

Plötzlich sah ich jemanden draußen vor meinem Fenster stehen (ich saß auf dem Beifahrersitz). Als ich die Scheibe herunterkurbelte, erklärte er, er würde uns helfen, aus dieser misslichen Lage herauszukommen! Dann gab er meinem Freund, der das Auto fuhr, sehr präzise Anweisungen („Fuß vom Gas, jetzt nach rechts, jetzt nach links lenken", etc.). Er blieb bei uns, bis wir den höchsten Punkt des Hügels erreicht hatten und dann im Leerlauf hinunter zu meinem Haus rollen konnten.

Erst dann wurde mir bewusst, wie außergewöhnlich sein Eingreifen gewesen war. Unsere Scheinwerfer hatten niemanden auf der Straße erfasst, nur ein paar wenige verlassene Vehikel am Fuß des Hügels. Er war plötzlich neben uns aufgetaucht und verschwand genauso schnell

ENGEL

wieder, bevor wir uns bei ihm bedanken konnten. Was noch bedeutsamer war: Er war neben uns geblieben, auf einem steilen, vereisten Hügel, auf dem es sehr schwer, ja sogar unmöglich gewesen wäre, aufrecht stehenzubleiben – von Seitwärtsbewegungen ganz zu schweigen. Und er muss außergewöhnlich groß gewesen sein, denn ich musste vom Sitz eines hochgebauten Fahrzeugs durch das Fenster zu ihm hochblicken. Ich kann mich noch gut an sein dunkles, schönes Gesicht erinnern.

All das überzeugte mich, dass es sich um eine weitere seltene Gelegenheit in meinem Leben gehandelt hatte, bei der ich einen *Schutzengel* und sein rechtzeitiges Eingreifen bemerkte. Ob Sie, liebe Leser, eine solche Erfahrung gemacht haben oder nicht, es gibt in der Bibel genug Informationen über Engel, um Sie auf den Tag vorzubereiten, da Sie im Himmel von den guten oder in der Hölle von den schlechten umgeben sein werden. Lesen Sie weiter, um den Unterschied herauszufinden.

1

GUTE ENGEL

Zunächst einmal lesen Sie bitte 2. Könige 6,1-23. Es ist ein höchst bemerkenswerter Bericht. Wäre ich kein Christ, würde ich ihn nicht glauben. Doch es ist eine herrliche Geschichte darüber, wie Feinde zu Freunden wurden. Ich frage mich, was Sie für den wunderbarsten Teil dieses Textes halten – die schwimmende Axt, die Blindheit oder einfach die Tatsache, dass die Syrer nie wieder Israel überfielen, nachdem sie derart behandelt worden waren.

Als Zweites lesen Sie bitte Hebräer 1,1-2,9. Dieser Abschnitt weist den Engeln, uns und Jesus ihre angemessenen Plätze zu.

Dieses Engel-Thema wird hauptsächlich mit Weihnachten und den Geburtsgeschichten Jesu in den Evangelien assoziiert. In Krippenspielen und auf Weihnachtskarten kommen Engel häufig vor. Es gibt „kleine Engel", die sich in diesen Krippenspielen nicht immer wie Engel verhalten – ein Thema, das wir behandeln werden. Bei der Lektüre des Lukasevangeliums entdecken wir, dass Engel ein wesentlicher Bestandteil der Geschichte sind.

Gleich zu Anfang kündigt ein Engel dem Zacharias an, dass er in seinem hohen Alter einen kleinen Sohn namens Johannes bekommen werde. Wenn Sie weiterblättern, lesen Sie, wie ein Engel Maria (ein vermutlich 15-jähriges Mädchen) besucht und ihr sagt: „Obwohl du nicht verheiratet bist, wirst du einen Jungen gebären." Dann kommt derselbe Engel auch zu ihrem Verlobten, der als Zimmermann schwer arbeitet, um genügend Geld für ihr gemeinsames Haus zu

verdienen. Er erklärt ihm die höchst heikle Angelegenheit, dass seine Verlobte ein Kind bekommen wird. Nachdem das Baby geboren ist, soll es nach menschlichen Plänen keine zwei Jahre überleben, weil es so sehr von einem König gehasst wird, dass er Soldaten damit beauftragt, jedes Kind unter zwei Jahren im gesamten Bezirk abzuschlachten. Wieder erscheint Josef ein Engel bei Nacht und sagt: „Josef, fliehe nach Ägypten und nimm den Jungen mit dir."
  Der gesamte Bericht ist voller Engel, doch ich vermute, wenn wir die Lichterketten abgehängt, den Weihnachtsschmuck weggepackt und die Weihnachtskarten recycelt haben, denken viele von uns für die nächsten 12 Monaten nicht mehr an Engel. Selbst wenn wir Engel zu Weihnachten ernstnehmen, gibt es Menschen, sogar Kirchgänger, die kaum je in Erwägung ziehen, dass Engel real sind. Die typische Debatte zwischen einem Weihnachtsfest und dem nächsten scheint sich auf die eher rudimentäre Frage zu beschränken, ob es dort draußen im Universum intelligentes Leben gibt. Wann immer ich Menschen darüber diskutieren höre, möchte ich loslachen und ihnen Folgendes sagen: Die Bibel berichtet bereits vor 2000 Jahren, dass wir nicht die einzigen intelligenten Lebewesen im Universum sind. Wir sind auf die Erde beschränkt, doch da draußen gibt es unzählige intelligente Wesen. Das Universum ist nicht leer, es mag durch unsere Teleskope so erscheinen, doch es ist nicht unbevölkert.
  Interessanterweise erfindet die Science-Fiction groteske Kreaturen, die viel stärkere animalische, mineralische und vegetarische Züge aufweisen als geistliche, und merkwürdige Geschöpfe flimmern in Filmen und Videos über unsere Bildschirme. Einer der ersten russischen Astronauten, der in den Weltraum flog, wurde von Reportern gefragt: „Was haben Sie dort oben gesehen?" „Auf jeden Fall keine Engel", antwortete er, warf den Kopf zurück und brach in Gelächter

GUTE ENGEL

aus, als er seinen Wodka trank. Doch sie haben ihn gesehen.

Es ist lachhaft, wenn Menschen Engel als Fabelwesen abtun, als Ausgeburten kindlicher Fantasie, die man, genau wie den Weihnachtsmann, getrost hinter sich lassen könnte.

In der Bibel sehen wir eine ganz andere Haltung. Vom ersten bis zum letzten Buch werden Sie entdecken, dass Engel an allen Geschehnissen beteiligt sind. Ich werde sogar soweit gehen, Folgendes zu behaupten: Ich zweifle, ob jemand wirklich Christ sein kann, der nicht an Engel glaubt, weil nach meiner Überzeugung Christsein bedeutet, Jesus nachzufolgen, um es einfach zu formulieren. Jesus glaubte an Engel, er hatte mit ihnen zu tun, und er erzählte uns von ihnen. Wie kann ich vorgeben, Jesus zu folgen, und niemals ernsthaft über die Engel nachdenken, die ihm so viel bedeuteten?

Bevor wir versuchen, die Fragen zu beantworten, wer Engel sind, was sie sind, wie sie aussehen, was sie tun, warum die Bibel uns über sie berichtet und ob es mir in irgendeiner Weise praktisch nutzt, über sie Bescheid zu wissen, muss ich zuerst mit falschen Vorstellungen aufräumen. Bevor man etwas bauen kann, muss man den Boden von allem freiräumen, was dort nicht stehen sollte. Lassen Sie mich daher drei falsche Vorstellungen angehen, denen ich begegnet bin. Eine davon betrifft das *Aussehen* von Engeln. Wir müssen uns von der Idee verabschieden, Engel seien wunderschöne Wesen in langen weißen Nachthemden, mit hübschen, lockigen Haaren, blauen Augen, Flügeln und so weiter. Diese Vorstellungen enthalten ein Körnchen Wahrheit, vielleicht sehen sie so aus, wenn wir sie im Himmel wahrnehmen, doch diese Art von „feenhafter" Erscheinung würde bedeuten, niemand hätte Engel unbemerkt beherbergen können. Doch die Bibel berichtet schlicht und einfach, manche Menschen hätten das getan. Ohne dass sie es bemerkten, war ein Engel bei ihnen zu Gast.

ENGEL

Ganz sicher hätten Sie keinerlei Zweifel an der Identität Ihrer Besucher, wenn Sie Ihre Haustür öffneten und dort eine derartig übernatürliche Erscheinung stünde. Abraham und Lot wurden beide von Engeln besucht und erkannten zunächst nicht, dass sie es mit übernatürlichen Wesen zu tun hatten. Engel erscheinen in einfacher menschlicher Form; so können sie auftreten.

Zweitens möchte ich mit der falschen Vorstellung von ihrer *Herkunft* aufräumen. Sie sind keine Menschen, die gestorben sind und sich jenseits ihres Grabes in Engel verwandelt hätten. Die Bibel gibt uns keinerlei Grund zur Annahme, wir würden zu Engeln, wenn wir sterben. Insbesondere im Zusammenhang mit Kindern bin ich auf diese Idee gestoßen: als würden kleine Kinder in Engel und Cherubim verwandelt, wenn sie sterben. Nein, wir wollen unmissverständlich zurechtrücken: Engel und Menschen unterscheiden sich voneinander, zwischen ihnen besteht keine derart direkte Verbindung. Sie wurden getrennt voneinander geschaffen; sie gehören zu einer anderen Art von Wesen. Engel werden nie zu Menschen werden, und Menschen werden niemals zu Engeln.

Drittens betrachten wir ihre *Funktion*. Sie sind keine Vermittler zwischen Gott und Mensch. Sie sollen weder angebetet werden, noch sollen wir zu ihnen beten. Mindestens zweimal sagen Engel im letzten Buch der Bibel zu Johannes: „Fall nicht vor mir nieder und bete mich nicht an. Ich bin einfach nur ein Diener Gottes wie du." Wir sollten Engel für nichts anderes halten als Boten Gottes. Sie sind schlicht und einfach seine Boten, sie überbringen seine Worte und leisten seinen Anordnungen Folge, wo immer sie unterwegs sind.

Es gab einmal eine Modewelle in England (und anderswo), bei der Gemeinden Heilige oder Engel für sich beanspruchten, daher kommen all diese Gemeindenamen: Gabriel und St. Michael gehörten zu den Favoriten.

GUTE ENGEL

Manche Gemeinden nannten sich „Alle Heiligen" oder „Alle Engel" (um die anderen auszustechen). Damit versuchten sie, die ganze Gruppe für sich zu beanspruchen. Tatsächlich wissen wir jedoch, dass wir nicht den besonderen Schutz von Heiligen oder Engeln in Anspruch nehmen. Sie sind Gottes Boten, nicht unsere – wenigstens noch nicht. Eines Tages werden sie es sein, doch noch nicht jetzt. Wir gehen direkt und allein durch Jesus Christus zu Gott.

Nachdem wir mit diesen Ideen aufgeräumt haben, lassen Sie mich mit Folgendem beginnen: Die Bibel lehrt, dass Engel eine besondere Art von Wesen sind, zwischen den Menschen und Gott. Keine Vermittler, sie gehören zu einer Ordnung von Wesen, die Menschen über- und Gott unterlegen sind. Sie sind uns überlegen, weil sie stärker, schöner und intelligenter sind als wir. Sie werden nicht geboren wie wir; sie wachsen nicht auf wie wir; sie heiraten nicht, wie wir es tun; sie haben keine Kinder, während wir Kinder haben – daher ist ihre Zahl von Gott festgelegt, der sie erschaffen hat. Er schuf sie, und so sind sie geblieben.

Sie sind Geister und haben keine fleischlichen Körper, auch wenn sie die Macht haben, als Menschen zu erscheinen. Sie sterben nicht, während wir alle sterben müssen. Sie gehören in den Himmel, nicht auf die Erde, doch sie sind Gott unterlegen. Sie haben keinen Anteil an seiner Macht oder an seinem Wissen. Er allein ist allmächtig, und er allein ist allwissend. Sie sind nicht ewig, da sie zu einem bestimmten Zeitpunkt geschaffen wurden, daher ist Gott selbst das einzig ewige Wesen.

Es gibt unzählige Engel im Universum. „Zehntausend mal zehntausend" ist ein Ausdruck; „Myriaden von Engeln" ein anderer, ebenso wie „Heerscharen". Erkennen Sie, wie das Wort „Heerscharen" sich durch die Bibel zieht? Es gibt den Befehlshaber über das Heer Gottes und den Herrn der Heerscharen. Das Wort „Heerscharen" bezeichnet

ENGEL

im Hebräischen die größte Anzahl von Personen, die es gibt. Engel haben Titel, Dienstgrade, Ränge und Namen; Erzengel, Cherubim, Seraphim, Mächte und Gewalten kommen vor. Manche von ihnen werden benannt: Gabriel, Michael und Luzifer werden in der Bibel erwähnt.

Wir erfahren, dass ihre Schönheit so außerordentlich ist, dass wir sagen würden: „Wie unaussprechlich schön", wenn wir sie in ihrer himmlischen Herrlichkeit sehen könnten. Künstler und Bildhauer haben die menschliche Form für sehr schön erachtet, doch wenn wir Engel sehen könnten, würden wir sagen: „Das ist wahre Schönheit." Ihre Stärke ist immens, so wie Jakob eines Nachts feststellen musste, als er an einem Fluss mit einem Engel kämpfte. Er rang und rang mit ihm, doch am Ende blieb er mit einer ausgerenkten Hüfte zurück. Wie wir noch sehen werden, ist ein Engel ein würdiger Gegner für 186 000 Fußsoldaten.

Betrachten Sie ihre Intelligenz: Sie sind nicht allwissend, sie verstehen nicht alles, doch sie sind bei Weitem intelligenter als Menschen. Sie wissen, was auf der Erde geschieht; ihnen ist bewusst, was in Ihrem Leben passiert. Die Engel wissen viel mehr als jeder andere. Sie kennen nicht das Datum des zweiten Kommens Jesu, doch laut der Bibel wissen sie viele andere Dinge. Ihre Geschwindigkeit! Wie sie Distanzen überwinden können!

An einem bestimmten Tag betete Daniel zum Gott des Himmels. Gott entsandte einen Engel aus dem höchsten Himmel und sagte: „Geh in Daniels Schlafzimmer." Der Engel stand dort, bevor Daniel sein Gebet beendet hatte. Wenn Sie dieses Gebet im Buch Daniel laut lesen, entdecken Sie, dass es weniger als eine Minute dauerte, doch der Engel kam aus dem höchsten Himmel und war bei Daniel in seinem Schlafzimmer, als er es beendete; so schnell können die Boten des Himmels auf Gottes Befehl fliegen. Warum beten Sie jedes Mal, wenn Sie in die Kirche gehen oder wann

GUTE ENGEL

immer Sie das Vaterunser beten: „Dein Wille geschehe, wie im Himmel so auf Erden?" Damit sagen Sie: „Möge ich so schnell deinen Willen tun, wie die Engel; möge ich rennen, um ihn auszuführen; möge ich schnell unterwegs sein, um deine Botschaft jemandem weiterzusagen, der sie braucht."

Die wahrscheinlich wichtigste Aussage, die die Bibel über Engel trifft, lautet, dass es gute und böse im Verhältnis zwei zu eins gibt. Ein Drittel der Engel im Himmel hat gegen Gott rebelliert und versucht, ihm sein Königreich zu entreißen. Mehr dazu später. Erst einmal werden wir die Guten betrachten und was sie im Dienst Jesu taten. Sie waren nicht nur am Anfang seines Lebens dabei und führten die sehr sensiblen Gespräche mit Josef und Maria, bei denen sie den Menschen erstaunliche Botschaften überbrachten; auch während des gesamten Dienstes Jesu traten immer wieder Engel auf, wie Sie feststellen werden.

Als Jesus in der Wüste versucht wurde, allein mit den wilden Tieren und dem Teufel, wer half ihm da? Uns wird berichtet, dass Engel kamen und ihm dienten – sie kamen, um ihn zu unterstützen. Einmal ging Jesus durch ein Dorf, und die Bewohner waren grob zu ihm. Sie schrien ihn an: „Verlass unser Dorf, wir wollen dich hier nicht!" Die Jünger sagten: „Was sollen wir tun? Sie verdienen Feuer vom Himmel. Sollen wir dafür beten?"

Jesus sagte: „Ist euch nicht klar, dass zehntausend Engel einfach nur darauf warten zu tun, was ich ihnen sage? Sollte ich jemanden auslöschen wollen, würde ich einfach die Engel herbeirufen. Sie würden sich darum kümmern."
Zehntausend Engel folgten Jesus während seines Dienstes in Galiläa, und er hätte den Dienst jedes einzelnen jederzeit in Anspruch nehmen können.

Betrachten wir den Garten Gethsemane – wieder war er ganz allein. Die Jünger schliefen. Wer half ihm durch die fürchterlichen Qualen, als die Schweißtropfen auf seiner

Stirn zu Blut wurden? Die Engel kamen und dienten Jesus. Es gab nur eine Krise im Leben Jesu, bei der die Engel ihm nicht zur Hilfe kamen – als er ganz allein am Kreuz hing. Kein Engel war in Sicht. Die Sonne hatte aufgehört zu scheinen; Gott war fortgegangen; der Gott des Lichts war fort, und große Dunkelheit kam drei Stunden lang über die Erde. Ein Engel hätte die Nägel herausziehen können. Ein Engel hätte diese Priester, Juden und Römer kinderleicht in die Ewigkeit befördern können, doch es kam kein Engel – es gab keine Hilfe. Die Engelheere schwiegen und hielten sich fern.

Doch wer rollte den Stein vom Grab? Kein menschliches Wesen berührte den Stein. Ein Engel kam herunter, und man schätzt, dass der Stein eineinviertel Tonnen wog. Ein Engel rollte ihn vom Grab weg, warf ihn um und setzte sich auf ihn, berichtet die Bibel. Das ist die Stärke eines Engels. Als die verwunderten Jünger kamen, fragten sie: „Wo ist er? Wo ist er hingegangen? Wo ist sein Leichnam?" Und es waren Engel, die ihnen die Botschaft überbrachten, nicht auf einem Friedhof nach einem lebendigen Retter zu suchen: „Er ist nicht hier. Warum sucht ihr den Lebenden unter den Toten? Geht und sagt den Jüngern, dass er euch in Galiläa begegnen wird."

Als Jesus in den Himmel zurückkehrte und die Jünger dastanden und in die Wolken hinaufblickten, erschienen ihnen Engel. Sie sagten ihnen: „Was schaut ihr immer noch in den Himmel? Er ist fort, doch er kommt auf dieselbe Art wieder. Geht jetzt zurück nach Jerusalem und wartet, wie er es euch aufgetragen hat."

Ich fordere hiermit jeden heraus, der die Existenz von Engeln ausschließt, aus dem biblischen Bericht schlau zu werden. Er wird auf unüberwindliche Probleme stoßen, von denen der weggerollte Stein nur eines ist.

Halten wir einen Moment inne – die Engel hatten vor Jesu Geburt immer zu ihm aufgeschaut. Er saß im höchsten

Himmel auf dem Thron der Herrlichkeit. Jetzt blickten sie zu ihrer eigenen Überraschung zum ersten Mal nach unten. Zum allerersten Mal mussten sie ihren Blick senken, um den Sohn Gottes zu sehen. Kein Wunder also, dass sie sagten: „Ehre sei Gott in der Höhe und Frieden auf Erden bei den Menschen seines Wohlgefallens." Sie sahen den Sohn Gottes, ein kleines Baby in der Futterkrippe. Jetzt ist Jesus zurück und steht über ihnen, dort, wo er ursprünglich war, doch sie sehen ihn verändert. Zum ersten Mal sehen sie über sich den Sohn Gottes mit einem menschlichen Körper. Jetzt blicken sie zu einem Menschen auf. Der Mensch, der niedriger war als die Engel, steht jetzt weit über ihnen – der Vorläufer, der uns einen Ort vorbereitet. Denn ein biblisches Geheimnis besagt Folgendes: Auch wenn die Menschheit jetzt unter den Engeln steht, werden Jesusgläubige an seiner Überlegenheit gegenüber den Engeln Anteil haben; eines Tages werden die Engel tun, was wir ihnen sagen. Das ist die Bestimmung jedes Christen: dass eines Tages die Engel unseren Anweisungen folgen werden. Das sollte uns vor Erstaunen den Atem verschlagen. Lassen Sie es mich ganz praktisch machen: Das nächste Mal, wenn Ihr Boss im Büro oder in der Fabrik Sie herumschubst, sagen Sie sich: „Eines Tages werden mir Legionen von Engeln unterstehen." Das könnte Ihnen Erleichterung verschaffen und Ihnen helfen, die richtige Perspektive zu gewinnen. Es hat vielleicht den Anschein, an den alten Adam zu appellieren, doch dem stimme ich nicht zu. Erinnern Sie sich einfach an Ihre Bestimmung, und es wird Sie dazu bringen, sich wie ein Königskind, ein Prinz oder eine Prinzessin zu verhalten, wie jemand, der für die Herrlichkeit bestimmt ist.

Wir haben also den Dienst der Engel gegenüber Jesus betrachtet. Einer seiner Titel lautet: „Befehlshaber über das Herr Gottes". Wie sieht es nun mit ihrem Dienst an den Menschen aus?

ENGEL

Jesus sprach über das Interesse von Engeln an kleinen Kindern. Jedes Mal, wenn Sie sich um ein kleines Kind kümmern, wenn Sie versuchen, mit ihm über Jesus zu sprechen, hört ein Engel zu. Lehrer und Kindergottesdienstmitarbeiter sollten das wissen. Jesus sprach folgende Warnung aus: „Passt auf, was ihr mit diesen kleinen Kindern macht. Ihre Engel sehen das Gesicht meines Vaters im Himmel."

Eine ihrer Aufgaben besteht also darin, über das zu berichten, was Sie mit kleinen Kindern tun. Bedenkt man, welche Grausamkeiten ihnen an Körper, Seele und Geist zugefügt werden, wird manche Menschen eine furchtbare Vergeltung treffen, da die Engel Bericht erstatten. Jesus sagt also, dass Ihre Taten den Engeln bekannt sind und daher gemeldet werden. Seien Sie also vorsichtig – nehmen Sie die Warnung ernst und bringen Sie nicht eines dieser Kleinen zu Fall.

Er hat auch gesagt, wenn nur eine Person von ihren Sünden umkehrt und Jesus als ihren Retter annimmt, werden die Engel im Himmel anfangen zu singen; sie werden sich vor Freude die Seele aus dem Leib singen. Das bedeutet, die Engel beobachten unsere Gottesdienste. Sie wissen ganz genau, was dort passiert. Sie wissen, dass Sie anwesend sind. Die himmlischen Heerscharen sind anwesend, wenn wir anbeten. Wenn eine Person, die als Sünder in die Gemeinde hineinging und den Erlöser noch nicht kannte als Jesusgläubiger den Gottesdienst wieder verlässt, werden die Engel darüber sprechen: „Ein Sünder hat Buße getan und ist in die Familie aufgenommen worden."

Die Bibel spricht über viele verschiedene Arten des Dienstes von Engeln an gläubigen Menschen. Die erste Art beinhaltet, *eine Person mit einer Schutzmauer zu umgeben,* die sie vor Gefahr, Schrecken und den Dingen bewahrt, die wir fürchten. Jakob war in dieser ersten Nacht, in der er von

GUTE ENGEL

seinem Zuhause weggelaufen war, ganz allein. Ich weiß, wie sich das anfühlt. Erinnern Sie sich an die Nacht, in der Sie zum ersten Mal irgendwo allein waren, in einem fremden Bett, geplagt von Heimweh und Einsamkeit? Jakob lag draußen im Freien. Da er aus seinem Zuhause hatte fliehen müssen, besaß er nicht einmal ein Dach über dem Kopf. Als er in den Himmel hinaufblickte, dachte er an seinen Bruder Esau, der möglicherweise hinter ihm her war, um ihm etwas anzutun. Er schlief und träumte – und sah Engel, die genau dort auf- und niederstiegen, wo er sich befand.

Als Kind brachte man mir bei, dass Engel an meinem Bett stünden. Ich fürchte, ich tat das als etwas Kindisches ab, als ich älter wurde, und dachte: „Was für eine dumme Idee. Engel an meinem Bett, wie Feen unten im Garten." Doch mittlerweile weiß ich, dass es wahr ist. Jetzt weiß ich, dass Sie zu Bett gehen und sagen können: „Oh Herr der Heerscharen, bewache mich, während ich schlafe." Jakob erwachte und sagte: Das ist wirklich das Haus Gottes, das Tor zum Himmel; ich bin hier, und diese Engel umgeben mich, es ist ein ständiges Kommen und Gehen. Er sah sie nicht, als er aufwachte, doch er wusste, dass sie da waren. Wo immer er auch hinging, er wusste jetzt, dass er behütet wurde.

Israel kannte diesen Schutz ebenfalls – in einer furchtbaren, dunklen Nacht in Ägypten suchte der Tod jedes Haus heim, doch der Engel ging an den Häusern von Gottes Volk vorbei, der Tod ging an ihnen vorüber. Wir sehen diesen Schutz später im Leben von Elisa. Ich liebe den Bericht über Elisa, insbesondere den Teil, als er sich keine Sorgen um die Feinde machte, die sie umzingelten. Elisa und sein Diener waren auf dem Berg von Dotan. Der Diener wachte am Morgen auf, sah sich um und fragte: „Meister, was sollen wir tun? Wir sind komplett umzingelt, sie sind gekommen, um dich zu holen." Elisa antwortete: „Alles in Ordnung. Oh

ENGEL

Herr, lass den jungen Mann erkennen, wie die Lage wirklich aussieht." Als er nochmal hinschaute, stand zwischen dem äußeren Ring der Syrer und Elisa, dem Mann Gottes, ein weiterer Ring der Kriegswagen Gottes. Als die Syrer sich auf Elisa zubewegten, berührten die Engel die Augen der Syrer, sodass sie nicht sehen konnten. Die Lage wurde gerettet – das war die Bewahrung durch Engel.

Machen wir es wieder ganz praktisch. Ich erinnere mich an die Geschichte von einem Geschäftsmann, der in einem Hotel einen anderen Geschäftsmann kennenlernte, der nicht gläubig war. Dieser sagte: „Ich werde uns ein paar Mädchen für heute Nacht organisieren." Der Christ antwortete ihm: „Ich will keine Mädchen." Der andere erklärte: „Ich werde zwei organisieren und dich dann holen." Der Christ war sich der Versuchung sehr bewusst, daher bat er den Herrn der Heerscharen, ihn zu beschützen.

Der andere Mann kehrte mit mehreren Mädchen, die er auf der Straße aufgegabelt hatte, wieder zurück. Sie betraten den Speisesaal, in dem der Christ saß. Sie schauten sich im gesamten Speisesaal um, in dem sich nur wenige Personen aufhielten. Sie konnten ihn nicht sehen und gingen wieder.

Am nächsten Tag fragte der ungläubige Geschäftsmann den Christen: „Wohin bist du gestern Abend verschwunden?"

„Ich bin nirgendwohin gegangen", sagte der.

„Wir sind in den Speisesaal gekommen, doch du warst nicht da."

„Doch, ich war da."

„Aber wir haben dich nicht gesehen."

Die himmlischen Heerscharen können immer noch mit Blindheit schlagen. Sie können einen Nichtchristen derart kontrollieren, dass er den Mann nicht sehen kann, den er zur Sünde verführen will. Wir können diesen Schutz für uns beanspruchen. Wir können den Herrn der Heerscharen bitten, uns zu umgeben.

GUTE ENGEL

Wer hielt den Raubkatzen in Daniels Löwengrube das Maul zu? Ich wuchs mit der Vorstellung auf, dass sie Daniel nicht fraßen, weil er nur aus Haut und Knochen bestand, doch ich glaube nicht, dass die Bibel diese Version stützt. Dort heißt es, dass ein Engel kam, der den Löwen die Mäuler zuhielt. Können Sie sich das vorstellen? Ein Engel, der stark genug ist, um die Kiefer des Königs der Tiere zusammenzupressen! Bilder aus der Sonntagsschule, die zeigen, dass die Löwen friedlich und still um Daniel herumlagen, sind nicht zutreffend. Sie wollten ihn fressen. Sie waren hungrig und gefährlich; doch Sie können niemanden fressen, wenn Ihnen jemand den Kiefer fest zusammendrückt. Ein Engel kam und tat dies. Die Engel Gottes können Sie beschützen.

Engel können Sie auch *versorgen*. Aus den Berichten über Hagar und Elia erfahren wir, dass Engel kochen können. Beide befanden sich mitten in der Wüste, ohne etwas zu essen. Sie wären gestorben, hätte ihnen nicht jemand Essen gebracht. Niemand wusste, wo sie waren. In beiden Fällen kam ein Engel und richtete ihnen etwas zu essen und zu trinken an, er versorgte sie – das ist erstaunlich.

Dann gibt es Engel, die Menschen *bestrafen* können. In Sodom und Gomorrha herrschten Zustände, die ein gefundenes Fressen für Boulevardzeitungen gewesen wären. Nur zwei Engel kamen. Sie sagten: „Wir sind im Auftrag Gottes gekommen, um nachzusehen, was hier los ist. Wir werden diese Städte für Gott zerstören." Engel können im Namen Gottes zerstören.

Es waren Engel, die Adam und Eva den Zutritt zum Garten Eden verwehrten, diesem wunderschönen Ort. Wir kennen seinen Standort, den wir auf einer Karte lokalisieren können. Er befindet sich in dem Tal, in dem heute die Stadt Tabriz liegt. Dort wachsen immer noch Obstbäume. Wir wissen ganz genau, wo er sich befand, doch ein Mann und

ENGEL

seine Frau konnten nicht in seine Nähe kommen, weil dort zwei Engel standen. Wann immer sie auftauchten, waren die Engel dort und sagten: „Weg von hier, weg von hier. Gott will nicht, dass ihr wieder hineinkommt."

Als die Assyrer gegen Jerusalem zogen, kamen sie mit großer Stärke: 186 000 bewaffnete Männer, die das kleine Volk Israel in Jerusalem belagerten. Das Volk betete zu Gott, der nur einen Engel schickte. In unseren Tagen hat ein Archäologe, der Ausgrabungen in den Städten des südlichen Juda machte, das Grab dieser Assyrer gefunden. Tausende von Schädeln sind dort buchstäblich aufgehäuft. Der Archäologe blickte auf das Werk nur eines Engels. Denn Gott hatte diese Assyrer gewarnt: „Wenn ihr mein Volk angreift, dann greift ihr mich an." Er hatte es ihnen gesagt und sie hinreichend gewarnt, doch sie ließen sich nicht davon abhalten.

Im Neuen Testament entdecken wir dasselbe. Wir erkennen *Befreiung* durch Engel. Ein Jünger Jesu ist im Inneren des Gefängnisses angekettet, bewacht von vier Männern, das Gefängnistor ist verschlossen – doch was bedeutet ein Vorhängeschloss schon für einen Engel? Ein Engel ist wunderbar dazu geeignet, Vorhängeschlösser zu überwinden. Petrus wachte mitten in der Nacht auf. Ein Engel hatte seine Ketten gelöst, sie fielen von ihm ab. Der Engel sagte: „Psst, schnell, zieh dich an. Komm jetzt." Sie gingen hinaus, an den Wächtern vorbei, die tief und fest schliefen. Sie erreichten die verriegelten Türen, und als sie auf sie zugingen, öffneten sie sich. Petrus erreichte den Ort, an dem die Christen gerade ein Gebetstreffen veranstalteten. Sie beteten alle: „Herr, befreie Petrus aus dem Gefängnis."

Da klopfte es an der Tür, die Magd ging hin, kam wieder zurück und sagte der Gruppe: „Es ist Petrus!"

Sie antworteten: „Das kann nicht sein. Wir beten gerade für ihn, er sitzt im Gefängnis." Sie konnten es einfach nicht

GUTE ENGEL

glauben. Doch Engel können einen Mann aus dem Gefängnis befreien. Man kann einem Engel nicht widerstehen. Dann gibt es den *Dienst des Trostes*. Als Paulus auf dem Weg war, auf dieser langen, gefährlichen Schiffsreise, um dem Kaiser zu begegnen, kam in der Nacht ein Engel zu ihm, der sagte: „Es ist alles in Ordnung. Du wirst ankommen und den Kaiser treffen. Du wirst mit ihm über das Evangelium sprechen können."

Sie werden *Wegweisung* durch Engel entdecken. Philippus wurde von einem Engel nach Aschdod geschickt, dabei sollte er zuerst den Schatzmeister der äthiopischen Königin treffen, einen Mann, der Gott suchte und die Bibel las. Philippus wurde von einem Engel auf den Weg geschickt, während Cornelius von einem Engel beauftragt wurde, Petrus holen zu lassen – ich könnte Ihnen weitere Beispiele erzählen.

Ich habe in den letzten Jahren so viele Geschichten darüber gehört, wie Engel das Volk Gottes beschützt, befreit und versorgt haben. Interessanterweise haben in den meisten dieser Berichte die Christen selbst die Engel nicht wahrgenommen. Ich werde mich auf nur zwei Geschichten beschränken. Eine davon entstammt einem Buch über Missionare, verfasst vom Autor Eberstein. Er erzählt von zwei weiblichen Missionaren in China, in der Zeit vor den Kommunisten. Sie gingen in die Stadt, um die Löhne für die Krankenhausmitarbeiter von der Bank abzuholen. Ihre Rückreise zum Missionskrankenhaus verzögerte sich, sodass sie die Nacht schutzlos draußen in den Bergen verbringen mussten. Sie trugen die Tasche mit dem Geld gemeinsam, und es gab Räuber in diesen Bergen, die nachts umherzogen, um zu stehlen und zu töten.

Die beiden Frauen legten sich zum Schlafen nieder, die Tasche mit dem Geld zwischen ihnen, und sagten: „Oh Herr der Heerscharen, beschütze uns", bevor sie in einen tiefen Schlaf fielen. Am nächsten Tag kamen sie sicher im

ENGEL

Krankenhaus an. Ein paar Monate später wurde ein Räuber mit Schusswunden ins Krankenhaus gebracht. Eine dieser Frauen verband seine Wunden, als er zu ihr sagte: „Ich kenne dich. Ich habe dich gesehen. Warst du nicht nachts draußen in den Bergen?".

„Ja", antwortete sie.

„Wenn nicht diese Soldaten gewesen wären, wäre ich gekommen und hätte dir alles abgenommen und dich getötet."

Sie fragte: „Welche Soldaten?"

„Diese 24 Soldaten, die ihr bei euch hattet."

„24 Soldaten? Nein, wir hatten keine Soldaten dabei."

„Doch, wir haben sie gezählt", antwortete er.

Ein paar Wochen später war diese Frau auf Heimaturlaub und besuchte ihre Gemeinde in London. Dort erzählte sie diese Geschichte. Der Gemeindeverwalter, ein sehr systematischer Mann, fragte sie: „Wann genau war das?" Sie sagte ihm das Datum, und er sah in seinem Terminkalender nach, in dem er die Anzahl der Teilnehmer am Gemeindegebetsabend festhielt. Er fragte: „Wie viele Soldaten waren es? An genau diesem Abend hatten sich hier 24 Personen zum Gebet versammelt, und wir hatten den starken Eindruck, du seist in Gefahr, daher beteten wir für Gottes Schutz."

Die andere Geschichte von einer Missionsgesellschaft an der afghanischen Grenze hat ein humoristisches Element. In biblischen Zeiten fuhren Engel natürlich auf Streitwagen, das waren die damaligen Fortbewegungsmittel. Doch heute fahren sie Rad. Ein Missionar, der allein von einer Stadt zur nächsten radeln musste, wusste, dass es sich um eine der gefährlichsten Straßen handelte, was Überfälle betraf. Er machte sich also auf den Weg, befahl sich dem Herrn an und erreichte sicher sein Ziel. Wenige Tage später jedoch traf er einen sehr bösen Mann auf einem Markt, der zu dem

GUTE ENGEL

Missionar sagte: „Wenn nicht diese Radfahrer um dich herum gewesen wären! Vor zwei Tagen lag ich auf der Lauer, um dich zu töten."

„Da waren keine anderen Radfahrer."

Der Mann sagte: „Doch. Es waren 15, mit Fahrrädern." Da waren sie also, auf dem Fahrrad auf den Straßen Afghanistans, und wieder hatte der Missionar keine Ahnung davon.

Wahrscheinlich ist es gut für uns, dass wir die Engel, die uns umgeben, nicht wahrnehmen. Wir könnten sonst ein wenig überheblich werden; oder falsche Vorstellungen entwickeln. Wie würden Sie sich fühlen, wenn Sie auf der Hauptstraße unterwegs wären und eine Gruppe von Engeln um Sie herum sehen würden? Ich glaube, Sie würden einen Realitätsverlust erleiden oder die emotionale Balance verlieren. Manchmal ist es notwendig, dass wir sie sehen, und manchmal nicht, doch wir können ihre Gegenwart beanspruchen. Wir können abends ins Bett gehen und sagen: „Schicke mir Engel, die meinen Schlaf bewachen." Sie können morgen früh aufwachen, und egal welcher Gefahr oder Aufgabe Sie sich auch gegenübersehen, was auch immer Sie fürchten, Sie können sagen: „Oh Herr der Heerscharen, lagere dich um mich, weil ich dich fürchte." Wenn Sie Gott fürchten, haben Sie vor nichts und niemandem Angst.

Ich verspreche es Ihnen: Eines Tages werden wir alle den Engeln begegnen. Eines Tages werden Sie an Engel glauben, Sie werden sie sehen, denn eines Tages werden Sie sterben. Dann werde ich Ihnen nicht helfen können, genauso wenig wie Ihre Familie. Eines Tages werden Sie allein eine Reise antreten. In der Bibel gibt es die Geschichte von einem armen Bettler. Sein Name war Lazarus, was „von Gott geliebt" bedeutet. Niemand sonst liebte ihn, er hatte nichts zu essen und kein Dach über dem Kopf, sondern lebte ganz allein auf der Straße. Er hätte sehr gerne die Brotklumpen gegessen, mit denen sich die Reichen die Hände säuberten.

ENGEL

Sie benutzten keine Servietten, sondern nahmen ein Stück Brot, wischten sich daran die Hände sauber und warfen es unter den Tisch. Er hätte das so gerne gegessen, doch er bekam es nicht und starb. Der Mann, um den sich während seines gesamten Lebens niemand gekümmert hatte, wurde von den Engeln zu Abrahams Schoß getragen.

Der Tag wird kommen, da Sie Ihre Reise allein antreten werden, wenn Menschen Ihnen nicht mehr helfen können. Gottes Engel warten auf der anderen Seite. Sie werden Sie herumführen. Sie werden Sie dorthin bringen, wo Sie hingehören. Eines Tages kehrt Jesus aus der Herrlichkeit zurück. Dann werden alle, die ganze Welt, ihn sehen; alle werden wissen, dass er der Herr ist. Doch die Bibel berichtet uns mindestens dreimal, dass er bei seiner Ankunft mit seinen Engeln kommt. Wir werden sie sehen, gemeinsam mit ihm. Wir werden wissen, dass sie real sind, dass sie existieren, jeder wird es erkennen. Ist es nicht spannend, an Engel zu glauben und zu wissen, dass es sie wirklich gibt? Sie sind Gottes Boten, die er schickt, um uns zu helfen und unseren Bedürfnissen abzuhelfen, wenn wir zu ihm gehören.

2

BÖSE ENGEL

Lesen Sie bitte zunächst Epheser 6,10-20. Ich kenne einen Christen, der morgens nicht das Haus verlässt, ohne die volle Waffenrüstung Gottes angezogen zu haben. Bevor er aus der Haustür tritt, hält er inne und fragt sich: „Habe ich meinen Schild? Habe ich meinen Brustpanzer angelegt? Habe ich heute Morgen meinen Helm auf? Habe ich mein Schwert?" Er geht die Rüstung ganz bewusst durch, Schritt für Schritt, und er legt jedes Teil der Rüstung an. Erst dann geht er raus und stellt sich dem Tag. Es ist nicht überraschend, dass er nur selten eine Niederlage erleidet.

Epheser 6,12 vermittelt uns, dass wir nicht gegen Fleisch und Blut kämpfen, sondern gegen die Gewalten, gegen die Mächte, gegen die Weltbeherrscher dieser Finsternis, gegen die geistigen Mächte der Bosheit in der Himmelswelt.

Drei Dinge werden Sie überraschen, wenn Sie die Bibel zum Thema Engel untersuchen. Erstens, dass es diese Engelwesen gibt: andersartige intelligente Kreaturen im Universum, die übernatürlich sind, jenseits unserer Sinneswahrnehmung, mächtiger als Menschen.

Die zweite Überraschung ist die Entdeckung, dass es sowohl gute als auch schlechte Engel gibt. Wenn es für Sie ein Trost und eine Stärkung war, im ersten Kapitel dieses Buches etwas über gute Engel in Ihrer Nähe zu erfahren, fürchte ich, dass Sie jetzt eher gemischte Gefühle haben werden; denn es gibt auch geistige Mächte der Bosheit, die uns umgeben.

Die dritte Überraschung ist, dass sich diese bösen Engel nicht in irgendeiner Unterwelt befinden; sie sind in der

Himmelswelt. Dort befinden sich alle Engel, und die bösen sind dort genauso wie die guten. Die wahre Schlacht in der Gegenwart tobt überhaupt nicht auf der Erde, sondern im Himmel. Es sind die bösen Engel im Himmel, die hinter den meisten Problemen stecken, die wir in unserer Welt haben. Das ist die wahre Antwort auf die alte Frage: „Woher kommt das Böse?" Die Bibel macht sehr deutlich, dass es nicht bei Gott seinen Anfang nahm. Als Gott alles mit seinen Händen erschaffen hatte, betrachtete er es und sagte: „Das ist gut, das ist sehr gut." Nur gute Dinge können von einem guten Gott kommen, das Böse kommt also nicht von ihm. Lassen Sie uns das ein für alle Mal klarstellen. Doch das Böse hat seinen Ursprung auch nicht im Menschen. Wir sind nicht das Original, wir haben es von einem anderen Ort erhalten. Es gibt Böses, sowohl in der Natur, als auch im Menschen, und mir scheint, dass der Mensch nicht für alles Übel in der Natur verantwortlich ist. Für manches schon, jedoch nicht für alles. Die Menschheit mag für die Staubwüsten verantwortlich sein, die das Resultat landwirtschaftlicher Methoden sind, doch wir sind nicht für viele der schrecklichen Naturkatastrophen zuständig, die geschehen.

Woher stammt nun das Böse? Laut der Bibel hatte das Böse nicht in Gott oder im Menschen seinen Ursprung, sondern in den Engeln. Aufgrund ihrer übernatürlichen Kräfte sind sie in der Lage, die Welt, in der wir leben, zu verderben, nicht nur auf menschlicher Ebene, sondern auch im Bereich der Natur. In der Bibel steht allerdings nicht viel darüber, wie das Böse unter den Engeln seinen Anfang nahm, weil die Heilige Schrift nicht verfasst wurde, um Spekulationen zu befördern. Sie wurde vielmehr geschrieben, um Menschen ihre Verantwortung klar zu machen. Daher ist es nicht wichtig für Sie, alles zu wissen, was bei den bösen Engeln passiert. Sie müssen nur insofern über sie Bescheid wissen, als sie Ihr Leben zum Bösen beeinflussen können; viel mehr ist nicht erforderlich. Wenn wir die Andeutungen in der Bibel zusammenfügen, können wir zwei Dinge über die bösen Engel sagen.

Wenden wir uns dem kleinen Judasbrief zu, so wird uns beispielsweise berichtet, dass die Engel ihren Auftrag missachtet und ihren Platz verlassen hatten. Was bedeutet das? Dann schreibt Petrus in seinem zweiten Brief über die Engel, die gesündigt hatten.

Aus diesen beiden Texten erfahren wir zweierlei über die Engel. Erstens, die Engel hatten einen freien Willen. Sie waren Boten, keine Maschinen. Sie konnten sagen: „Gott, ich werde deinen Willen nicht tun. Ich werde die Botschaft nicht für dich überbringen; ich werde diesen Auftrag nicht ausführen."

Das Zweite, was deutlich wird, ist, dass sie aus ihrer Position des Gehorsams gefallen sind. Der freie Wille und der Fall der Engel werden also in der Bibel klar gelehrt, das war ihr Hintergrund. Gefallene Engel werden natürlich nicht mehr Engel genannt, sondern Dämonen.

Es ist tragisch, dass dieses Wort uns in die Irre führt, denn es ruft ein bestimmtes Bild hervor. Heute landete ein Kirchenblatt in meinem Briefkasten, das ich immer sehr interessant finde. Doch eines der enthaltenen Bilder zeigte Dämonen, wie sie im Mittelalter dargestellt wurden, fürchterliche kleine Kreaturen, die Menschen in Kesseln kochen, die sie mit Mistgabeln umrühren, und alle möglichen anderen schrecklichen Details. Es war ein ziemlich blutrünstiges Gemälde. Wir haben diese Bild in gewisser Weise übernommen, doch das Wort „Dämon" bedeutet wörtlich übersetzt „geringere Gottheit" – jemand, der fast so mächtig ist wie Gott, aber nur fast; jemand der unter Gott steht und doch über uns, daher müssen wir Dämonen sehr ernst nehmen.

ENGEL

Wie viele gibt es davon? Ich weiß nicht, wie viele Engel es insgesamt gibt. Wüsste ich es, könnte ich es Ihnen sagen, weil es in Offenbarung 12 den Hinweis gibt, dass jeder dritte Engel zu einem Dämon wurde, sich selbst gegen Gott stellte und jetzt gegen das Reich Gottes arbeitet. Offen gesagt muss es sich um Millionen handeln. Es ist diesen Dämonen möglich, einen Menschen zu ergreifen und ihn zu besitzen. König Saul ist ein gutes Beispiel aus dem Alten Testament, Maria Magdalena aus dem Neuen – Menschen, die von Dämonen beherrscht wurden.

Es ist ziemlich außergewöhnlich, dass Science-Fiction jetzt dieselbe Idee propagiert: Dinge können aus dem Weltall kommen und in den Körpern von Menschen leben. Lange bevor sich die Autoren von Science-Fiction so etwas ausdachten, sprach die Bibel bereits von besessenen Menschen. Ich möchte sehr deutlich sagen, dass dies in England eine Minderheit betrifft (und ich bete zu Gott, dass es so bleibt), doch es ist möglich, ihnen heute in England zu begegnen. Es ist wahrscheinlicher, dämonischer Besessenheit zu begegnen, wenn Sie nach Übersee reisen. In Südostasien wird sie Ihnen überall entgegentreten. In jedem Land, in dem Geister angebetet werden, sehen Sie diese Besessenheit, und die Geisterverehrung verbreitet sich bei uns immer mehr.

Als Jesus auf der Erde war, gab es mindestens sechs Begegnungen mit Menschen, die von Dämonen besessen waren. Ein unreiner Geist beherrschte einen Mann; ein blinder und tauber Geist beherrschte einen anderen; der Gadarener wurde von einer Legion von Geistern gequält; es gab einen tauben Geist; ein Mädchen war besessen, ebenso wie ein kleiner Junge. Ich wuchs mit dem Verständnis auf, dass die Besessenheit von Dämonen im Neuen Testament einfach die Art und Weise war, wie sie damals über Geisteskrankheit sprachen, physische Behinderung, Epilepsie oder Wahnsinn. Mittlerweile weiß ich, dass

BÖSE ENGEL

Besessenheit von Dämonen etwas ganz anderes ist als eine geistige oder körperliche Krankheit. Die Symptome sind anders, ebenso wie die Behandlung.

Die Symptome einer dämonischen Besessenheit sind beispielsweise: (1) übernatürliche Kraft, sodass man neun oder zehn Personen braucht, um die Person physisch unter Kontrolle zu halten, während in den stärksten Fällen von Geisteskrankheit zwei oder drei starke Männer ausreichen; (2) Hellseherei: ein Wissen über andere Personen, das nur durch übernatürliche Offenbarung möglich ist; (3) das Vermögen, Stimmen zu gebrauchen, die sich stark von der eigenen Stimme der betroffenen Person unterscheiden; (4) eine tiefgreifende Feindseligkeit gegenüber dem Namen Jesu; (5) eine heftige Ablehnung von Gebet, so heftig, dass ein besessener Mensch durchdreht, wenn Gebet angeboten wird. Diese Symptome der dämonischen Besessenheit unterscheiden sich stark von den am stärksten fortgeschrittenen Fällen von Schizophrenie oder den schwerwiegendsten körperlichen Behinderungen.

Darüber hinaus ist das Heilmittel ein ganz anderes. Dämonische Besessenheit kann wirklich sehr schnell geheilt werden – es dauert höchstens ein paar Stunden. Doch meistens ist es nur eine Frage von Minuten, durch die Kraft Jesu und die Macht seines Namens, während Geisteskrankheit nicht sofort heilbar ist, sondern verschiedene, langwierige Therapien erfordert.

Als Jesus dämonisch besessenen Menschen begegnete, erkannten sie ihn und sagten: „Geh weg von uns. Wir wissen, wer du bist. Du bist der Heilige Gottes." Die Dämonen waren die ersten, die erkannten, wer er war. In jedem einzelnen Fall kümmerte er sich sofort um diesen Dämon und befreite die betroffene Person von ihrer Besessenheit. Ob es sich um physische, geistige oder geistliche Symptome handelte, er konnte sie sehr schnell beseitigen.

ENGEL

Christus kümmerte sich nicht nur selbst um diese Fälle, er beauftragte auch seine Jünger, Dämonen zu bekämpfen. Ich denke an den Moment, als sie jeweils zu zweit loszogen, nachdem Jesus ihnen gesagt hatte, dass sie Dämonen austreiben und die Kranken heilen sollten. Ich kann mir vorstellen, dass sie sich schrecklich davor fürchteten, jemandem mit einer dämonischen Besessenheit zu begegnen, und dass ein Jünger zu dem anderen sagte: „Übernimm du diesen hier, ich kümmere mich um den nächsten", oder: „Nein, du zuerst. Ich bin sicher, du kannst das besser als ich." Als sie in dieser Situation den Namen Jesu ausprobierten, entdeckten sie zu ihrer Freude und zu ihrem Erstaunen, dass Jesus der höchste Name ist, der über Hölle, Erde und Himmel steht; dass Menschen vor ihm niederfallen und Teufel ihn fürchten und fliehen.

In der Apostelgeschichte lesen wir, dass Petrus, Paulus und Philippus solchen Situationen begegneten und in der Kraft Jesu damit umgingen. Im Neuen Testament können wir auch einige der Ziele der Dämonen erkennen. Was versuchen sie zu tun? Die Antwort lautet, zwei Dinge: Menschen täuschen und sie zerstören. Das ist das Ziel jedes Dämons: Sie zu täuschen, bis ihr Denken beschädigt ist, bis Sie nicht mehr klarsehen und die Wahrheit nicht mehr erkennen können; Sie irrezuführen, Sie zu verbiegen und Sie dann zu zerstören, entweder physisch, indem Sie von einer Klippe oder ins Feuer gestürzt werden; Sie moralisch zu zerstören; Sie sozial zu zerstören, bis niemand mehr etwas mit Ihnen zu tun haben will, wie bei dem Gadarener, in dessen Nähe sich niemand mehr traute; oder Sie geistlich kaputtzumachen. Sie haben es darauf abgesehen, jeden zu täuschen und zu zerstören, den sie erwischen können; und genau das werden sie tun.

Es war Jesus, der sagte, er bete für seine Jünger, dass die bösen Mächte sie nicht erwischen würden. Die Bibel

BÖSE ENGEL

spricht, wenn sie über gute Engel berichtet, viel mehr über ihren Anführer, nämlich Gott, als über die Engel selbst; in derselben Weise erzählt sie mehr über den Anführer der bösen Engel als über die Dämonen selbst. Sie hat sehr viel über eine Person namens Satan, den Teufel, zu berichten. Unserem Herrn Jesus werden 250 Namen und Titel verliehen, doch der Teufel bekommt fünf Namen und 24 Titel, mehr als jede andere Person im Neuen Testament außer dem Herrn Jesus. Daher sollten wir uns anschauen, was in der Heiligen Schrift berichtet wird. Satan war der erste, der zu Gott sagte: „Nein, ich werde nicht Teil deines Reiches sein. Ich will mein eigenes Reich", und er ging zu den anderen Engeln und sagte: „Kommt ihr mit? Lasst diesen Gott nicht über euch herrschen" – und die Dämonen sind die, diese Frage bejaht haben.

Dieser wichtige und mächtige Engel der Hölle, von dem Hesekiel uns berichtet, dass er als gesalbter Cherub dem Thron Gottes am nächsten war, ist derjenige, den wir Satan nennen. Ich möchte das unterstreichen. Sie können Gott so nahe sein und rebellieren; er war dem Thron Gottes am nächsten und sagte Nein zu Gott. Das sind seine fünf Namen: Satan; Abaddon (Apollyon im Griechischen, was Zerstörer bedeutet); Beelzebul; Belial und Luzifer. Jeder von ihnen ist ein grauenvoller Name. Nichts an ihnen ist lieblich, weder an ihrer Bedeutung noch an ihrem Klang. Hier sind einige der dazugehörigen Adjektive: subtil, bösartig, unrein, böse, lügnerisch und vor allem stolz. Das ist eine fürchterliche Charakterbeschreibung, und der letzte Aspekt tritt am stärksten hervor.

Er wird anhand von Tieren beschrieben und insbesondere mit dreien in Verbindung gebracht. Zwei von ihnen entstammen der Familie der Reptilien, was interessant ist: im Zoo überkommt mich im Reptilienhaus eine morbide Neugier. Der Teufel wird als eine hinterlistige Schlange, eine Otter im Gras dargestellt, subtil und clever; er wird als ein roter Drache porträtiert, grausam und stark; dann wird er als vagabundierender, brüllender Löwe beschrieben, als König des Dschungels. Ich weiß noch, wie ich einen Zug von Mombasa nach Nairobi in Kenia nahm. Die Reise auf der eingleisigen Bahnlinie dauerte die ganze Nacht. Der Zug arbeitete sich das Plateau hinauf – zu den sogenannten White Highlands. Ich erinnere mich an die Geschichte, wie diese Eisenbahnlinie gebaut wurde. Während die eine Hälfte der Arbeiter die Schwellen und die Schienen aneinander nagelte, musste die andere Hälfte mit ihren Gewehren Wache halten wegen der Löwen, die entlang des gesamten Weges nach oben lauerten, Könige des Dschungels auf der Pirsch. Es kostete viele Menschenleben, nur diese eine Eisenbahnlinie hinauf nach Nairobi zu bauen, wegen der ständig umherstreifenden Löwen. Wenn Sie den Gottesdienst verlassen, folgt Ihnen ein umherstreifender Löwe. Wäre das im physischen Sinne der Fall, wüssten Sie, dass ein Löwe auf den Straßen Ihrer Stadt frei herumlaufen würde, wären Sie auf der Hut. Die Bibel verwendet dieses Bild des Teufels, um Ihnen zu sagen: Seien Sie wachsam, es streift ein Löwe in Ihrer Stadt umher, er ist hinter Ihnen her, passen Sie daher auf. Interessanterweise wird der Heilige Geist mit einer Taube verglichen. Was für ein Kontrast – Sie würden sehen, wie eine kleine, flatternde Taube herunterfliegt. Gott weiß, was er tut, wenn er Tierbilder in der Bibel verwendet.

Betrachten wir nun einige Aktivitäten des Teufels. Er ist ein Verleumder, ein Versucher, ein Täuscher, ein Ankläger, ein Quäler, ein Mörder und ein Zerstörer. Würde ein menschliches Wesen alle diese Eigenschaften in sich vereinen, würde es sofort vor Gericht landen, doch diese Person läuft frei herum.

Er ist ein *Verleumder*, er liebt es, Menschen zu verleumden,

BÖSE ENGEL

und immer, wenn wir Menschen verleumden, gebraucht der Teufel unsere Lippen. Er ist ein *Versucher,* der an die Sehnsüchte unseres Fleisches appelliert. Ein Bibeltext zu diesem Thema erklärt, dass er uns wie Fische behandelt. Haben Sie jemals beobachtet, wie ein Angler seinen Köder auswählt und dabei genau weiß, welchen er nutzen muss, um den Fisch anzulocken? „Ich weiß, wie ich ihn kriegen werde. Er ist dort unten. Ich werde das einfach über ihm hin und her bewegen." Der Teufel tut genau das, wenn er uns lockt und ködert. Das ist der Begriff in Jakobus 1: Er lockt uns und ködert uns, und wir laufen ihm einfach nach.

Billy Graham sprach in einer seiner Predigten über einen Bauern, der versuchte, sein Schwein auf den Markt zu bringen. Dabei entdeckte er, dass ein Schwein immer in die andere Richtung läuft, wenn Sie versuchen, es in eine Richtung zu treiben. Der Bauer erkannte schließlich, dass das Schwein anstandslos zum Schlachthof mitlief, wenn er eine Spur aus Bohnen legte; dabei fraß es eine Bohne nach der anderen. Der Teufel ist ein Meister dieser Taktik – er lässt etwas direkt vor ihnen fallen, das Sie mögen, und dann noch etwas und noch etwas, und schon folgen Sie seiner Spur.

Er ist der *Ankläger,* der selbsternannte Staatsanwalt; der *Quäler,* er kann Ihnen physische Schmerzen bereiten. Paulus hatte einen Boten Satans in seinem Fleisch, der ihn quälte; eine körperliche Beeinträchtigung, mit der er während seines gesamten Lebens und Dienstes zu kämpfen hatte.

Die Titel des Teufels beunruhigen mich am meisten. Er ist der *Fürst dieser Welt,* der *Herrscher dieser Welt,* und, wie Jesus ihn nannte, *der Gott dieser Welt* – die einzige Person, die Jesus jemals, mit Ausnahme von seinem Vater, als Gott bezeichnete. Er lehrte, dass die Menschen den Teufel wirklich anbeten, auch wenn sie es nicht wissen. Er ist es, vor dem sie sich wirklich niederbeugen, doch sie merken es nicht einmal.

ENGEL

Das erklärt auch, warum in unseren Medien so viele schlechte Nachrichten vorkommen. Erinnern Sie sich an eine Nachrichtensendung, in der es ausschließlich gute Nachrichten gegeben hätte? Warum befindet die Welt sich in einem derartigen Chaos? Was ist die Erklärung dafür? Aufrichtige und begabte Menschen versuchen, sie in Ordnung zu bringen, Menschen mit gutem Willen, die sich eine gute Welt für ihre Kinder wünschen. Warum gelingt es ihnen nicht? Warum werden sie es niemals schaffen? Warum rücken wir diesem Ziel nicht näher? Ich werde Ihnen sagen, warum: Weil tatsächlich der Teufel in Person diese Welt beherrscht. Als Fürst dieser Welt stellt er sicher, dass wir nur unter seinen Bedingungen Frieden finden, was totale Unterwerfung bedeutet. Daher müssen wir ihn wirklich sehr ernst nehmen.

Bei einer Gelegenheit wird er als *Fürst, der in der Luft herrscht* beschrieben. Dabei ist mit Luft in der Bibel immer der Teil des Himmels gemeint, der uns am nächsten ist, uns umgibt und uns sozusagen einschließt. Mit anderen Worten, zwischen uns und dem höchsten Himmel befindet sich der Kampfplatz Satans, der die Erde einkreist, die Luft, die uns umgibt. Dort befindet er sich, der Fürst, der in der Luft herrscht, zwischen uns und dem höchsten Himmel. Er ist also ein König und hat ein eigenes Reich, und vier Worte, die in der Bibel verwendet werden, beschreiben dieses Königreich.

Erstens, es ist ein Reich des *Ungehorsams*. Jeder, der ungehorsam ist, gehört zu diesem Reich. Sie wurden hineingeboren; Sie sind ungehorsam aufgewachsen; Sie haben gelernt *nein* zu sagen, bevor Sie *ja* sagen konnten; man musste Ihnen nicht beibringen, bösartig zu sein, sondern nur, gut zu sein; Sie mussten nicht lernen, wie man unhöflich ist, sondern wie man sich anständig benimmt; Sie mussten nicht gelehrt werden, wie man unehrlich ist, sondern wie man die Wahrheit sagt. Sie wurden in ein Reich des Ungehorsams hineingeboren. Wie Jesus zu denen sagte, die nicht an ihn glaubten: „Ihr habt den Teufel zum Vater." Zweitens, es ist ein Reich *der Finsternis* – sowohl moralischer als auch physischer Art. Die Finsternis in unserer Welt und die Werke, die in der Dunkelheit getan werden, weil die Menschen es nicht wagen, ins Licht zu kommen, sind die Taten des satanischen Königreichs. Satan liebt die Finsternis, daher leben die Menschen, die sich in seiner Hand befinden, lieber in der Dunkelheit als im Licht. Sie lieben es, am Tag zu schlafen und in der Nacht wach zu sein, während es Gottes Plan war, dass die Menschen am Tag arbeiten und nachts schlafen sollten; demgegenüber schlafen viele wilde Tiere am Tag und kommen in der Nacht aus ihrem Versteck. Das ist Gottes Plan laut der Bibel, doch Sie werden feststellen, dass Menschen, die vom Teufel ergriffen werden, immer später und später ins Bett gehen. Sie fangen an, in der Dunkelheit statt im Licht zu leben. Es ist erstaunlich, wie der Teufel Menschen umprogrammiert.

Drittens, es ist ein Reich der *Krankheit*. Warum gibt es Krankenhäuser? Warum gibt es Ärzte? Warum müssen Ärzte und Schwestern rund um die Uhr arbeiten, um das Gesundheitswesen am Laufen zu erhalten? Warum brauchen wir Medikamente und Operationen? Es liegt daran, dass wir im Reich Satans leben. Gott hat Krankheit niemals beabsichtigt. Sie entspricht nicht seinem Willen. Als sie eine Frau zu Jesus brachten, damit er sie heilte, sah er sie an und sagte: „Seht ihr diese Frau? Satan hat sie seit 18 Jahren gebunden." Paulus hatte einen Boten Satans, einen Dorn im Fleisch. Er bat Gott: „Nimm ihn weg, nimm ihn weg", und Gott antwortete: „Nein, in deinem Fall werde ich das nicht tun, weil ich der Meinung bin, du kannst meinen Namen noch mehr dadurch verherrlichen, dass du zeigst, was Gnade mit einem Boten des Teufels tun kann." Er beließ Paulus die Krankheit. Manchmal heilt Gott eine Krankheit; manchmal

ENGEL

tut er es nicht, doch jede Krankheit ist ein Bote Satans. Was ist mit dem Tod? Jedes Mal, wenn Sie einem Leichenwagen auf der Straße begegnen, sehen Sie etwas, was Satan getan hat. Der Tod war für die Menschen ursprünglich nicht vorgesehen. Es war nicht beabsichtig, dass unsere Beziehungen kaputtgehen. Der Tod ist etwas, was Satan in unsere Welt gebracht hat. Gott hatte den Beruf der Leichenbestatter nicht geplant, und sie werden später einmal arbeitslos sein. Ich weiß noch, wie ich diesen Satz in einem Buch las, er traf mich bis ins Mark: „Jeder Friedhof verdankt Satan seine Existenz."

Das ist also sein Königreich. Was ist seine Absicht? Die Antwort lautet, dass er versucht, Gott zu sein. Er versucht, ein eigenes Reich aufzubauen. Jedem, dem er etwas einflüstert, sagt er: „Möchtest du nicht sein wie Gott? Dich selbst unter Kontrolle haben, dein eigenes Reich haben, die Macht und den Ruhm, ganz für dich allein?" Genau das tut er. Er bekam Nebukadnezar in die Finger, der in den hängenden Gärten von Babylon herumstolzierte, einem der sieben Weltwunder. Nebukadnezar sagte: „Ist das nicht das großartige Babylon, das ich durch meine große Kraft als königliche Residenz gebaut habe, zu Herrlichkeit meiner Majestät?" Hören Sie sich das an! Ist Babylon nicht mein Königreich, meine Macht, mein Ruhm? Wenige Monate später lebte dieser König wie ein wildes Tier, er fraß Gras auf dem Feld – seine Fingernägel waren wie Klauen, sein Haar war lang und er hatte den Verstand verloren.

Über den Teufel selbst heißt es im Buch Jesaja: „Ich will in den Himmel steigen und meinen Thron über die Sterne Gottes erhöhen, ich will mich setzen auf den Berg der Versammlung im fernsten Norden. Ich will auffahren über die hohen Wolken und gleich sein dem Allerhöchsten" (Jesaja 14,13-14). Jeder, der so redet, ob er nun versucht, sich sein Reich in der Geschäftswelt zu bauen oder der große Boss

BÖSE ENGEL

in seiner Familie zu sein; jeder Mensch, der sagt: „Mein ist das Reich", ist jemand, den Satan zu fassen bekommen hat.

Eines Tages sagte Satan zu Jesus: „Alle Reiche dieser Erde will ich dir geben." Er bot ihm den Posten des Antichristen an. Eines Tages wird ein Mann diesen Posten von Satan annehmen und zum Herrscher der Welt werden. Satan kann Ihnen die Welt geben. Er kann Ihnen Macht geben; er kann Ihnen das Reich und die Herrlichkeit verleihen. Alle Königreiche der Welt gehören Satan, und Jesus hat dem nicht widersprochen. Er hat nicht gesagt: „Du kannst sie niemandem geben", sondern: „Satan, ich werde weiterhin Gott dienen und nicht dir."

Junge Leute, alte Menschen, Männer und Frauen, ich möchte Ihnen Folgendes sagten: Der Teufel kann Ihnen die Welt geben. Er kann sie Ihnen anbieten und sagten: „Ich werde sie dir geben." Wenn Sie das annehmen, reiten Sie zwar auf dem Rücken eines Tigers, doch er kann sie Ihnen geben.

Er wurde also zum Feind, zum Gegenspieler des Reiches Gottes. Im Folgenden einige Dinge, die er laut dem Neuen Testament tun kann: Er sät Unkraut unter dem Weizen. Wann immer der Same von Gottes Wort gesät wird, kommt Satan und sät etwas anderes dazwischen. Er verblendet das Denken nichtgläubiger Menschen. Woran liegt es, dass einige Ihrer nichtbekehrten Freunde und Verwandten nicht auf Sie hören? Sie reden mit ihnen. Sie brauchen Jesus, und Sie erklären es ihnen, doch sie sind so blind, stumm und taub wie eine Leiche. Was ist geschehen? Die Antwort lautet: Satan hat ihr Denken verblendet, sodass sie es nicht begreifen können.

Er verkleidet sich als Engel des Lichts. Er bekam Judas zu fassen und fast hätte er auch Petrus erwischt. Von den zwölf Jüngern bekam er Judas aufgrund des Geldes in seine Finger. Jesus sagte zu Petrus: „Satan wollte dich haben, Petrus." Natürlich wollte er das. Petrus war der erste Pastor der Gemeinde, und Satan wollte ihn nur zu gerne haben.

Jesus betete für ihn und gegen Satan: „Ich habe für dich gebeten, dass Satan dich nicht ergreift." Obwohl Petrus Jesus verleugnete, bekam Satan ihn nicht zu fassen. Satan hinderte Paulus daran, nach Thessaloniki zu gehen. Er initiierte die Verfolgung und den Märtyrertod von Christen. Kein Wunder also, dass das Vaterunser die Bitte enthält: „Und erlöse uns von dem Bösen."

Zusammenfassend möchte ich Ihnen folgende Frage stellen. Nehmen wir einmal an, Sie sagen zu mir, was nicht unwahrscheinlich wäre: „Ich bin noch nie irgendwelchen bösen Geistern begegnet. Ich habe noch nie in meinem Leben Erfahrungen mit den Dingen, über die Sie sprechen, gemacht." Ich weiß wirklich nicht, ob ich mich für Sie freuen oder Sie bedauern soll. Ich werde Ihnen sagen, wie Sie mit bösen Geistern in Kontakt kommen können. Sie mögen sagen: „Aber das will ich nicht." Das ist gut und richtig, doch Sie werden ihnen auf die eine oder andere Weise begegnen, und es gibt einen falschen und einen richtigen Weg, sie zu finden. Ich will Ihnen zunächst den laut der Bibel falschen Weg beschreiben:

Hier kommen einige der falschen Methoden. Die offensichtlichste Art, zu ihnen durchzudringen, ist Spiritismus, der heutzutage tausende von Menschen fesselt. Viele suchen Trost, sie tun es aus den besten Motiven – sie trauern und wollen wissen: Was geschieht mit meinem geliebten Menschen? Wo ist er? Was tut er jetzt? Sie schlagen diesen Weg ein, um Trost zu finden. Eines Abends hielt ich einen Vortrag zum Thema Spiritismus. Sobald ich den Raum betrat, wusste ich, dass Spiritisten anwesend waren, obwohl ich sie nicht gesehen hatte; ich spürte sie, genau wie einige der Gläubigen, die ebenfalls im Raum waren; und ich weiß, dass Christen an diesem Abend für mich beteten, weil ein geistlicher Kampf zwischen unsichtbaren Mächten tobte.

Es waren zwei Frauen, und ich fragte sie nach dem

BÖSE ENGEL

Vortrag: „Warum sind Sie Spiritistinnen geworden?" Sie erzählten mir, es sei nach einem Todesfall geschehen, und ich fragte sie: „Wie lange gehören Sie schon dazu?" Eine war seit 12 Jahren dabei. Ich fragte sie: „Haben Sie wirklich Trost gefunden? Haben Sie jetzt größeren Frieden im Hinblick auf das Leben nach dem Tod?" Sie antwortete: „Offen gesagt, nein." Natürlich nicht. Könnten Geistern Ihnen Frieden schenken, würden sie Sie wieder gehenlassen. Stattdessen lassen sie Sie am Ende mit unklaren Aussagen zappeln, sodass Sie immer mehr wissen wollen, und es ist so leicht, sich ködern zu lassen. Diese Wesen machen Ihnen so leicht und auf ganzer Linie etwas vor.

Ist am Spiritismus irgendetwas dran? Die Antwortet lautet ja. Ich weiß noch, wie ich eine Witwe besuchte, deren Schwester sie zu einer spiritistischen Sitzung mitgenommen hatte. Sie fragte mich: „Ist daran irgendetwas dran?" „Ganz sicher", antwortete ich. Sie sagte: „Da bin ich aber erleichtert." Sie fuhr fort: „Ich habe ein oder zwei weitere Personen gefragt, die darüber gelacht und gesagt haben, es sei alles Betrug und Täuschung." Dann fragte sie mich: „Ist es also in Ordnung, mitzugehen?" Ich sagte: „Nein, es ist völlig falsch. Wenn nichts dran wäre, wäre es in Ordnung." Betrug, Täuschung und Telepathie sind zwar involviert, doch Spiritismus ist eine Realität. Sie können zur Geisterwelt durchdringen; Sie können Botschaften erhalten, die Ihnen Dinge mitteilen, die niemand sonst auf der Welt über Sie und Ihnen nahestehende Menschen weiß, weil den Geistern diese Dinge bekannt sind. Kindern Gottes ist es absolut verboten, sich an diesem Thema zu versuchen. 3. Mose 19, Jesaja 8 und Micha 5 machen das hinreichend deutlich. Tatsächlich wurde zur Zeit des Alten Testaments ein Jude, der bei der Geisterbeschwörung erwischt wurde, zum Tode verurteilt, so ernst nahm man das Thema. König Saul ist ein herausragendes Beispiel. Zu einem bestimmten Zeitpunkt

ENGEL

hatte er alle Medien aus dem Land verbannt. Doch später, als Samuel gestorben war, tötete er die Priester und begann heimlich, die Hexe von En-Dor zu besuchen. Als ich das kleine Dorf En-Dor besuchte, dachte ich an diesen König, der so tief gesunken war, dass er sich heimlich und verkleidet in das Haus eines Mediums schlich, um Botschaften zu empfangen. Er erhielt eine Nachricht, die ihm nicht gefiel und in seinem Selbstmord endete.

Wir können von diesen Dingen befreit werden, weil Jesus mehr Macht hat als die Geister. Wir müssen uns vor ihnen nicht mehr fürchten, weil Jesus stärker ist als sie alle.

Eine weitere Methode, böse Geister kennenzulernen, ist schwarze Magie und Teufelsanbetung, was normalerweise heimlich geschieht und, beachten Sie's, im Dunkeln – mit unmoralischen Riten und Orgien. Oft handelt es sich um ein pervertiertes und auf den Kopf gestelltes Bild christlicher Zeremonien: schwarze Messe statt weißer Messe und schwarzes Abendmahl statt heiliges Abendmahl. Ich ging in einen Zeitschriftenladen und fand auf einem Regal fünf Bücher über schwarze Magie und Teufelsanbetung in England – so wird es sich entwickeln. Wir werden nicht gegen Fleisch und Blut zu kämpfen haben, sondern gegen Mächte und Gewalten, gegen die geistigen Mächte der Bosheit in der Himmelswelt. Daher brauchen wir die gesamte Waffenrüstung Gottes.

Weitere Methoden, durch die Menschen Geister auf die falsche Art kontaktieren sind: Astrologie; Wünschelrutensuche, einschließlich Rutengehen, um Wasser zu finden; Wahrsagerei; Horoskope; Kartenlegen (was mit Ihnen geschehen ist, weil Sie an diesem Datum geboren wurden, unter einem bestimmten Aszendenten etc.). Lassen Sie die Finger davon, selbst wenn es als Spaß gemeint ist. Lesen Sie so etwas nicht, denn Sie werden es zwar eine Zeit lang nicht ernst nehmen. Doch eines Tages wird eine

BÖSE ENGEL

Aussage dastehen, die ein Dämon genau dort platziert hat, damit Sie überzeugt werden, dass doch etwas dran ist. So entwickelt sich ein kleiner Haken, der beginnt, sich in Ihrer Seele festzusetzen.

Götzendienst ist eine weitere Methode. Warum ist es falsch, sich vor Götterbilden und Götzen zu verneigen? Sie sind einfach nur Blöcke aus Stein oder Holz. Sie können nichts tun, weder sprechen noch sich bewegen. Die Antwort lautet, dass hinter den Götzen Dämonen stehen, und dass Götzenanbeter den Dämonen Zugang gewähren, so erklärt es Paulus. Fleisch zu essen, das Götzen geopfert wurde, kann dazu führen, dass Sie in eine Gemeinschaft mit Teufeln eintreten; genauso wie der Genuss von Brot und Wein mit anderen Christen Sie befähigen kann, mit dem Herrn Jesus Gemeinschaft zu haben.

Einer der Lieblingstricks des Teufels besteht darin, Menschen in die Gemeinde Christi einzupflanzen, die Irrlehren verbreiten, und er wählt dazu immer die nettesten Menschen aus: freundliche und sympathische Zeitgenossen, die das herrliche Evangelium Christi nur hier und dort ein bisschen verzerrt haben. Wir werden im Neuen Testament immer wieder vor Menschen gewarnt, denen die Ohren einfach nur nach neuer Lehre jucken, nach einer neuen Theologie, nach einer neuen Doktrin – denn die Teufel lieben das.

Kommen wir nun zur richtigen Methode, zu den Geistern durchzudringen. Von uns wird *erwartet*, sie zu erreichen, doch auf die richtige Art, und ich werde Ihnen erklären, wie. Sobald Ihr christlicher Glaube übernatürlich wird, sobald Sie zu den himmlischen Örtern durchbrechen, werden Sie ihnen begegnen; sobald Ihre Religion über das Kirchendach hinausgeht und die himmlischen Gefilde erreicht, werden Sie eine gewaltige Schlacht bemerken. Ihr Gebetsleben wird zu einem Kampf werden. Sie werden sich böser Mächte bewusst werden, die das bekämpfen, was Sie tun.

ENGEL

Mit anderen Worten: Weil wir so normal, nüchtern und in unserem Glaubensleben in gewisser Weise so bodenständig sind, erreichen wir niemals die himmlischen Orte, an denen der Kampf tobt. Sie können in die Gemeinde gehen, ohne jemals einem bösen Geist zu begegnen. Sie können Lobpreislieder singen, doch treffen werden Sie die Dämonen an der Frontlinie. Gehen Sie zum Gebetstreffen, dort werden Sie der Macht des Bösen begegnen. Begeben Sie sich an die Frontlinie der Schlacht. Dort oben tobt der Kampf, und je näher Sie Christus kommen, desto näher sind Sie Satan. Je näher Sie Gott kommen, desto näher sind Sie auch den Mächten und Gewalten. Daher kann es sein, dass Ihre Erfahrungen mit diesen Dingen begrenzt sind, weil Sie Gott nicht so nahe sind, wie Sie sein sollten.

Einfach gesagt: Wenn der Heilige Geist tatsächlich in Ihrem Leben wirkt, werden die bösen Geister gegen Sie aufstehen, doch wenn der Heilige Geist nicht aktiv ist, lassen die bösen Geister Sie in Ruhe; sie müssen sich Ihretwegen keine Sorgen machen. Warum sollten sie auch? Ich bin gefragt worden, ob Drogenkonsum zu dämonischer Besessenheit führt. Meine Antwort lautet: Nicht an und für sich, denn ehrlich gesagt glaube ich nicht, dass ein Dämon an einem Drogensüchtigen interessiert wäre. Ein Drogenabhängiger hat bereits einen Schritt in Richtung Selbstzerstörung gemacht. Meiner Meinung nach sagen die Dämonen einfach: „Soll er sich doch selbst zerstören. Einfach weitermachen." Die einzige Gefahr besteht darin, dass Drogenabhängige oft andere Dinge ausprobieren, um einen *Kick* zu bekommen; sie versuchen sich an okkulten Praktiken, um Erfahrungen zu machen, und daher führt das eine oft zum anderen, doch es steht in keinem zwingenden Zusammenhang.

Leben wir allerdings an himmlischen Örtern, an der vordersten Frontlinie, dann sollten wir erwarten, die Gegenwart des Bösen zu spüren. Erleben wir sie, gibt es nur

BÖSE ENGEL

eine einfache Sache, die zu tun ist, und sie funktioniert. Wir sagen: „Im Namen Jesu, weg von mir." Die Geister haben überhaupt keine Wahl. Wenn er mit der Autorität unseres Herrn Jesus Christus konfrontiert wird, kann kein Dämon oder Teufel irgendetwas sagen oder tun. Im nächsten Kapitel werde ich Ihnen die Schlacht zwischen den guten und den bösen Engeln beschreiben, wie alles ausgehen wird, und den triumphalen Sieg skizzieren, der uns im Neuen Testament versprochen wird.

3

KONFLIKT ZWISCHEN ÜBERNATÜRLICHEN MÄCHTEN

Ich werde versuchen, ein paar Fragen zu beantworten, die noch offengeblieben sind. Wir haben die guten Engel Gottes betrachtet. Vielleicht haben Sie zum ersten Mal ernsthaft über sie nachgedacht. Der Gedanke war für Sie sehr tröstlich, dass Gott uns mit seinen Dienern, seinen Boten, umgibt. Dann haben wir die bösen Engel in den Fokus genommen. Möglicherweise stellten Sie dabei zu Ihrer eigenen Überraschung fest, dass die bösen Engel, genau wie die guten, sich im Himmel aufhalten. Ihre ausdrückliche Aufgabe besteht darin, das Wirken Gottes zu behindern und alles ihnen Mögliche zu tun, um die Ausbreitung seines Reiches zu stoppen.

Ich kann den Konflikt zwischen den beiden Gruppen am Beispiel des Buches Daniel sehr einfach und interessant illustrieren. Als ich die guten Engel erläuterte, erwähnte ich, dass Daniel zu Gott betete (siehe Daniel 9). Ein Engel verließ den Thron Gottes, als Daniel anfing zu beten, und war schon in Daniels Zimmer, als dieser noch auf seinen Knien lag. So schnell bewegen sie sich: direkt vom Thron des Vaters im Himmel in Daniels Zimmer im Verlauf eines Gebets, dessen Lektüre nicht länger als zweieinhalb Minuten dauerte. Doch im darauffolgenden Kapitel erscheint ein Engel und erklärt, er sei 21 Tage lang aufgehalten worden. Erst als ihm Michael (ein anderer wichtiger Engel Gottes) zur Hilfe kam, konnte er zu Daniel durchdringen.

Das mag Ihnen wie ein Märchen erscheinen, einfach unglaublich. Doch ich stelle Ihnen das Geschehen auf diese Art vor, um Ihnen zu zeigen, dass im Universum ein Konflikt tobt, ein Konflikt im Himmel. Es ist ein Konflikt zwischen den Engeln, die dem Willen Gottes gehorsam geblieben sind, und denen, die beschlossen haben, gegen ihn zu rebellieren. Das Universum befindet sich in einem permanenten Kriegszustand. Ob unser Land sich im Frieden oder im Krieg befindet, jeder Christ steht in einem Krieg. Darum wird jeder Gläubige als Soldat bezeichnet, der weder andere Menschen bekämpft noch notwendigerweise soziale Übel, auch wenn wir diese bekämpfen sollten. Doch jeder einzelne von uns ist Soldat, denn bei unserer Bekehrung wurden wir in das übernatürliche Himmelreich versetzt, wir sind mittendrin, und wir werden in einem permanenten Kriegszustand bleiben.

Haben wir das einmal begriffen, sind wir über die Erklärung für zwei verblüffende Tatsachen quasi gestolpert. Die erste besagt, dass in der Welt ein äußerer Kampf herrscht. Warum können wir die Streitigkeiten, das Blutvergießen und den Krieg der Menschheit nicht beenden? Um Churchills fünften Band über den Zweiten Weltkrieg *Triumph und Tragödie* zu zitieren, dessen Untertitel lautet: „Wie die großen Demokratien triumphierten und daher in der Lage waren, ihre Torheiten wieder aufzunehmen, die sie fast ihr Leben gekostet hätten." Das ist ein typischer Churchill-Satz, der ein gewisses Verständnis zeigt. Sobald wir aus einem Krieg herauskommen, beginnen wir, die Samen des nächsten zu säen. Warum?

Der Erste Weltkrieg wurde als der Krieg bezeichnet, der alle Kriege beenden sollte. Derartiges sollte sich nie wieder ereignen. Doch innerhalb eines Vierteljahrhunderts befanden wir uns in einem weiteren blutigen Konflikt. Warum? Will die Menschheit denn keinen Frieden? Sicherlich gibt es doch genug Menschen auf der Welt mit gutem Willen, die nicht kämpfen wollen. Warum erreichen wir nie das, was wir suchen, wofür viele gekämpft haben und gestorben sind?

KONFLIKT ZWISCHEN ÜBERNATÜRLICHEN MÄCHTEN

Warum ist diese Welt in einem ständigen Kriegszustand, der aussieht wie die Oberfläche eines brodelnden Topfes? Wir wissen nie, wann und wo die nächste *Kriegsblase* hochkochen und aufplatzen wird.

Die Antwort lautet: Kein Krieg hat bisher die wahren Feinde besiegt. Die Konflikte dieser Erde sind nur die Auswirkungen von etwas, das unter der Oberfläche köchelt. Wir denken vielleicht, die Kriegsverursacher seien eine spezielle Volksgruppe. Wenn wir sie nur loswerden könnten, dann hätte der Streit ein Ende. Das wird niemals gelingen. Selbst wenn Sie jede Gruppe, jede Kaste und jedes Land loswerden, das Sie für verantwortlich halten, garantiere ich Ihnen, dass Sie schon bald wieder in Schwierigkeiten stecken werden. Die wahren Feinde bestehen nicht aus Fleisch und Blut, es sind böse Engel, es sind Mächte und Gewalten.

Die zweite verblüffende Tatsache ist der innere Konflikt, den jeder Christ erlebt. Es gibt den äußeren Konflikt, den alle kennen, und den inneren, der nur Christen vertraut ist. Haben Sie das auch erlebt? Als Sie zum Herrn kamen, verlebten Sie regelrechte Flitterwochen mit ihm – gemeinsam mit Jesus waren Sie auf den höchsten Berggipfeln unterwegs. Wir waren erstaunt, wie wunderbar und offensichtlich einfach das Leben sein konnte. Wir liebten ihn und die anderen Menschen. Dann waren die Flitterwochen vorbei, und wir fanden uns auf einem Schlachtfeld an der Frontlinie wieder; genau wie einige unserer Männer, die während des Krieges nach Hause kamen, heirateten und ein kurzes Zwischenspiel erlebten, bevor sie sich wieder in den Kampf stürzen mussten. Jeder Christ wird Ihnen sagen, dass er sehr schnell wieder an der Front war und hart darum kämpfen musste, seine Stellung zu halten.

Warum? Betrachten Sie noch einmal Römer 7. Warum tue ich das Gute, das ich tun will, nicht? Wir wollen den Willen Gottes tun – warum schaffen wir es nicht? Was läuft dabei schief? Sie werden niemals begreifen, was schiefgelaufen ist, bis Sie an den Konflikt im Himmel denken – Ihr innerer Konflikt ist nur eine Folge davon. Um es kurz und knapp zu sagen: Die Welt und Sie sind in diesem Zustand, weil wir uns auf dem ureigenen Territorium des Teufels befinden. Wir stehen unter seiner Macht; die Welt ist sein Königreich.

„He's got the whole world in his hands" (Er hält die ganze Welt in seiner Hand) ist ein schönes Lied, doch Sie sollten sich bewusst machen, was Sie sagen, wenn Sie diese Worte singen. Nach Aussage des Neuen Testaments gilt folgende Wahrheit für unsere Welt: „Die ganze Welt steht in der Macht des Bösen." Die ganze Welt ist in der Hand des Teufels.

Aus diesem Grund sind wir genau da, wo wir uns befinden, und scheinen nie das zu erreichen, was wir uns aus tiefstem Herzen wünschen. Er hält die ganze Welt in seiner Hand – genau das ist unser Problem.

Was ist nun der Ausweg? Die Antwort darauf finden wir im Vaterunser: „Führe uns nicht in Versuchung, sondern erlöse uns von dem Bösen." Das lehrte unser Herr seine Jünger beten. Wann immer wir es singen oder beten, bitten wir darum, dass Gott im Himmel uns von der Macht befreien möge, die diese ganze Welt im Griff hat.

Wie befreit Gott uns? Was tut er? Ich möchte Sie durch die gesamte Bibel führen, noch einmal von der Schöpfung bis zur Offenbarung – das sind übrigens gute Begriffe, wenn Sie einmal darüber nachdenken. Ich will Sie hindurchführen und Ihnen Folgendes zeigen: Der rote Faden, der sich von Anfang bis Ende durchzieht, ist die Tatsache, dass Gott uns befreit, er ist unser Befreier, unser Erlöser (im Prinzip dasselbe Wort), unser Retter. Aus diesem Grund wurde die Bibel geschrieben.

Wir werden kurz das Alte Testament betrachten und dann, ausführlicher, das Neue. Das Alte Testament ist ein Bericht darüber, wie Gott einem bestimmten Volk zeigte, dass er sie

KONFLIKT ZWISCHEN ÜBERNATÜRLICHEN MÄCHTEN

aus der Hand des mächtigsten Feindes befreien konnte. Er erwählte ein bemerkenswertes Volk, um dies zu tun: eine kleine Gruppe von Sklaven, die weder über Geld, Eigentum, Land noch Ressourcen, eine Armee oder einen Anführer verfügte. Diese Sklaven befanden sich in der Gewalt der mächtigsten damals bekannten Nation, in der Hand des riesigen ägyptischen Reiches mit seinen Pharaonen, deren Pyramiden immer noch bestehen. Gott sagte: „Ich werde euch da herausholen. Ich werde euch befreien", und das tat er auch. Mit seinem starken, ausgestreckten Arm führte er sie in die Freiheit. Daraufhin gaben sie ihm einen neuen Namen. Sie sagten: „Du bist der Befreier, der Erlöser, du kannst uns retten." Diese Sklaven hatten die gesamte Macht dieser Nation gegen sich – und wurden frei. Wo auch immer sie hinkamen, sahen sie sich anderen Völkern gegenüber, den Jebusitern, Amalekitern, den Kanaanitern und allen anderen. Obwohl sie ihnen zahlenmäßig und in der Bewaffnung unterlegen waren, brachte Gott sie jedes Mal durch. So etwas wie die jüdische Bezwingung der mächtigen Nationen hat es in der gesamten Menschheitsgeschichte noch nie gegeben. In den Annalen der Menschheit ist das beispiellos. Kein Wunder, dass ein Philosoph auf die Frage von König Ludwig XIV nach dem Gottesbeweis antwortete: „Eure Majestät, die Juden."

Doch das war nur die erste Hälfte des Alten Testaments; die zweite Hälfte zeigt genau das Gegenteil: Dasselbe Volk Gottes wird niedergetrampelt, überrannt, von einer Nation nach der anderen besetzt – von den Assyrern, Babyloniern, wieder von den Ägyptern, den Griechen unter Alexander dem Großen und schließlich von den gefürchteten Römern. Was war schiefgelaufen? Warum sehen wir im ersten Teil des Alten Testaments Siege und Eroberungen; und im zweiten Teil Niederlage und Besatzung? Die Antwort lautet: Gott zeigte ihnen nicht nur, dass er sie befreien konnte, sondern dass sie auch vom Bösen befreit werden mussten.

ENGEL

Sehen Sie, was mit den Juden geschah, als sie das erste Mal befreit wurden, Frieden und Wohlstand erlangten, ist genau dasselbe, was mit Großbritannien nach 1945 passierte. Genau das passiert immer, wenn wir von unseren physischen Feinden erlöst werden: Wir fallen sofort in die Hände unserer geistlichen Feinde. Im Land Israel setzte das Streben nach Reichtum ein, selbstsüchtige Gier und Lust. Diese Gottlosigkeit hielt Einzug, die für unser Land charakteristisch ist, seit wir während des Krieges die Kirchen zu Tagen des Gebets mit Menschen füllten. Genau das ist passiert.

Obwohl Gott die Hebräer von allen ihren natürlichen Feinden befreit hatte, schlugen ihre übernatürlichen Feinde hart zu, und Israel vergaß seinen Schöpfer. Gott musste ihnen ihre wahren Feinde zeigen. Er hatte ihnen gezeigt, dass er sie befreien konnte: „Aber jetzt", sagte er, „werde ich euch von diesen befreien." Er versprach, ihnen einen Befreier zu schicken, der dies tun würde. Das hebräische Wort für ihn lautete „Messias", auf Griechisch „Christus".

Jetzt haben wir die Grundlage gelegt, um uns dem Neuen Testament zuzuwenden. Sie erkennen das Bild. Ein Land wird von den Römern besetzt. Wenn Sie noch nie in einem Land unter Besatzung gelebt haben, werden Sie wahrscheinlich nicht verstehen, was es bedeutet, wenn Sie ausländische Truppen durch Ihre Straßen marschieren sehen, während Sie sich fürchten, einem dieser Besatzer zu begegnen; oder ein Klopfen an Ihrer Tür zu hören. Die meisten von uns haben das nicht erlebt; wenn Sie es erlebt haben, werden Sie verstehen, wie sehr sich die Juden nach der Befreiung von den Römern sehnten, doch als Jesus kam, tat er es nicht. Wenn Sie wissen wollen, warum die Juden ihren eigenen Befreier abwiesen: Es lag daran, dass er sie von ihren geistlichen Feinden befreien wollte. Sie wünschten sich jedoch, dass er sie von ihren natürlichen Feinden befreite. Doch das lehnte er ab, er war gekommen, um sie vom Bösen

KONFLIKT ZWISCHEN ÜBERNATÜRLICHEN MÄCHTEN

zu erlösen. Sie jedoch wollten die Römer loswerden. Wann würde Jesus das endlich tun? Deshalb wurde er schließlich gekreuzigt.

Im Neuen Testament können wir auf drei Dinge Bezug nehmen: die Niederlage unserer geistlichen, übernatürlichen, bösartigen Feinde in der Vergangenheit, die durch den Tod Jesu erreicht wurde (siehe Kolosser 2,15); die gegenwärtige Niederlage derselben übernatürlichen bösen Mächte in unserem heutigen Leben; und das, was Gott mit ihnen in Zukunft tun wird.

Betrachten wir unseren Herrn. Wissen Sie, wann Jesus das erste Mal in der Bibel erwähnt wird? In 1. Mose 3, 15 sagt Gott zu Satan: „Und ich will Feindschaft setzen zwischen dir und der Frau und zwischen deinem Samen und ihrem Samen; er wird dir den Kopf zertreten, und du wirst ihn in die Ferse stechen." Hier sehen wir die Verheißung Gottes, die sich Jahrhunderte später erfüllen sollte. Eines Tages würde jemand, der von einer Frau geboren wurde, Satan bestrafen – ihn nicht nur verkrüppeln, sondern ihm einen tödlichen Stoß versetzen. Tausende von Jahren blieb die Verheißung unerfüllt, bis eines Tages ein Kind in Bethlehem geboren wurde.

Warum wurde Jesus geboren? Lesen Sie diese Bibelstelle: „Die Kinder aber sind wir, Menschen aus Fleisch und Blut. Christus ist nun auch ein Mensch geworden wie wir, um durch seinen Tod dem Teufel – als dem Herrscher über den Tod – die Macht zu entreißen" (Hebräer 2,14; HfA).

Dem Teufel die Macht zu entreißen, das war das Hauptziel des Kommens Jesu – und die Befreiung von Menschen, die sich vor dem Tod fürchteten. Natürlich fürchten Sie sich vor dem Tod. Sind Sie ein Kind des Teufels, werden Sie sich zwangsläufig davor fürchten, schon allein, wenn Sie an die Folgen denken. Ich treffe heutzutage immer mehr Menschen, mehr als jemals zuvor, die sich davor fürchten zu sterben.

ENGEL

Christus wurde in Bethlehem geboren, um Sie von dieser Angst zu befreien.

Hier kommt ein weiterer Vers: „Dazu ist erschienen der Sohn Gottes, dass er die Werke des Teufels zerstöre" (1. Johannes 3,8b). Jesus ist gekommen, um die bösen Geister zu zerstören und sie in dieser Welt zu entmachten. Es gibt nur sehr wenige Menschen, die das erkennen. Um die Weihnachtszeit tauschen sie vielleicht Karten aus und gehen in einen Gottesdienst, doch sie begreifen überhaupt nicht, dass Jesu Kommen eine Invasion war.

Es gab zwei alte Menschen, die das erkannten, einer direkt vor Jesu Geburt, der andere danach. Denken Sie an Zacharias. Sollten Sie regelmäßig eine anglikanische Kirche besuchen, erkennen Sie vielleicht diese Worte: „Gelobt sei der Herr, der Gott Israels! Denn er hat besucht und erlöst sein Volk." So geht es weiter: „…, dass wir, erlöst aus der Hand der Feinde…", was täten? Frieden und Wohlstand genössen? Nein, sondern: „… ihm dienten ohne Furcht unser Leben lang in Heiligkeit und Gerechtigkeit vor seinen Augen" (Lukas 1, 68, 74+75).

Die andere Person war ein alter Mann namens Simeon. Als er das Baby sah, sagte er: „Herr, nun lässt du deinen Diener in Frieden fahren, wie du gesagt hast; denn meine Augen haben deinen Heiland gesehen…" Deinen Heiland in diesem Baby.

Denken Sie an die Versuchungen. Warum war der erste Akt im Dienst Jesu ein vorgezogener Schlagabtausch mit dem Teufel? Warum begann er im Verborgenen und nicht in der Öffentlichkeit? Weil hier die beiden Gegner aufeinandertrafen. Der eine ist der Fürst dieser Welt, der Teufel, und der andere wird ihm die Welt wieder abnehmen, Jesus. Als der Teufel sagte: „Ich werde dir alle Königreiche dieser Erde geben", sagte Jesus nicht: „Du kannst sie mir nicht geben." Sie gehören ihm. Jesus nahm dieses Angebot nicht an.

KONFLIKT ZWISCHEN ÜBERNATÜRLICHEN MÄCHTEN

Denken Sie an Jesu Dienst auf der Erde. Jesus war sich während der gesamten Zeit bewusst, dass er nicht gegen Männer und Frauen kämpfte (sie bekämpfte er nie), sondern gegen die übernatürlichen Mächte des Bösen. Darum erklärt er: Wenn ihr einen Starken berauben wollt, solltet ihr ihn vorzugsweise zuerst fesseln. Wir müssen stärker sein als er, sonst werden wir es nicht weit bringen. Er sagte damit, dass er die Macht hätte, Satan zu berauben.

„Diese Frau, die Satan 18 Jahre lang gebunden hat, sollte ich sie nicht befreien?" – und genau das tat er. Er hatte die Macht, den Starken zu berauben. Wo immer Jesus erschien, unternahm er Überraschungsangriffe auf das Reich des Bösen und erlöste Menschen aus der Macht des Teufels; er befreite sie von Dämonen.

Eines Tages behaupteten einige, dass er diese Werke durch schwarze Magie vollbringen würde, durch die Macht des Beelzebub; dass der Teufel ihn dazu ermächtigte, es zu tun. Jesus lehrte sie: Wir könnt ihr wagen, das zu behaupten? Kann ein Reich, das mit sich selbst uneins ist, bestehen? Können ein Haus und eine Familie in einem Zustand innerer Kämpfe überleben? Nein, natürlich nicht. Wie kann ich dieses Opfer Satans durch die Macht Satans befreien? Es ist ein Widerspruch in sich.

Eines Tages rief er seine Jünger zu sich und schickte sie jeweils zu zweit los. Wann immer sie einem Opfer Satans begegneten, sollten sie diese Person befreien, das war ihre Aufgabe. Stellen Sie sich vor, wie zwei der Jünger unterwegs waren, sagen wir einmal Jakobus und Johannes, und dabei hofften, keinem von Dämonen besessenen Menschen zu begegnen. Ich frage mich, was sie getan haben. Plötzlich begegnen sie einem Besessenen, der in der Hand des Bösen ist. Jakobus sagte vielleicht: „Du bist als erster dran, Johannes. Du nimmst diesen hier und ich den nächsten."

Ich frage mich, wie sie sich wohl gefühlt haben, als ihre

erste Gelegenheit kam. Ich kenne ihre Gefühle beim zweiten Mal. Doch beim ersten Mal sagten sie möglicherweise: „Was sollen wir tun? Also los, probieren wir es. Bringen wir ihn an einen geschützten Ort; hier ist eine Seitenstraße, nehmen wir ihn mit." Dann haben sie wohl gesagt: „Im Namen Jesu", und der Mann wurde befreit. Sie können sich sicherlich vorstellen, wie die beiden jetzt auf den zweiten zustürmten! Als sie zu Jesus zurückkehrten, sagten sie: „Herr, sogar die Dämonen sind uns in deinem Namen untertan." Jesus blickte auf und sagte: „Ich sah den Satan wie einen Blitz vom Himmel fallen" (Lukas 10,18; HfA). Anhand ihres Berichts erhaschte er einen Blick auf den endgültigen Sturz dieses fürchterlichen Geschöpfs.

Später sagte Jesus: „Ich werde nach Jerusalem gehen", woraufhin Petrus antwortete: „Geh dort auf keinen Fall hin, Herr. Sie werden dich umbringen, wenn du das tust." Jesus drehte sich zu ihm um und sagte: „Weiche von mir, Satan!" Warum sollte Satan versuchen, Jesus daran zu hindern, nach Jerusalem zu gehen? Warum sollte er versuchen, Jesu Hinrichtung aufzuhalten? Genau das war doch sein ersehntes Ziel. Wollte er nicht, dass dieser Sohn Gottes von der Erde entfernt würde, damit er niemandem mehr helfen könnte? Doch mit dieser Annahme haben wir nicht verstanden, worum es geht. Satan wusste, dass Jesus durch seinen Tod einen größeren Sieg erringen würde, als er je in seinem Leben erreicht hatte.

Begleiten Sie mich in den Obersaal und hören wir gemeinsam auf die Aussagen unseres Herrn in der Nacht vor seiner Festnahme. „Jetzt ergeht das Gericht über diese Welt; jetzt wird der Fürst dieser Welt hinausgestoßen werden. Und ich, wenn ich erhöht werde von der Erde, so will ich alle zu mir ziehen" (Johannes 12,31-32). Er ist begeistert, weil etwas Großes geschehen wird. Dann sagt er zu ihnen: „Ich werde nicht mehr viel mit euch reden, denn es kommt der

KONFLIKT ZWISCHEN ÜBERNATÜRLICHEN MÄCHTEN

Fürst dieser Welt. Er hat keine Macht über mich" (Johannes 14,30), und Jesus geht ans Kreuz.

„Auf diese Weise wurden die Mächte und Gewalten entwaffnet und in ihrer Ohnmacht bloßgestellt, als Christus über sie am Kreuz triumphierte" (Kolosser 2,15; HfA). Jesus hat die Mächte und Gewalten entwaffnet. Er nahm diese Frau, diesen Mann und diesen Jugendlichen und befreite sie, doch jetzt hat er die bösen Mächte in aller Öffentlichkeit besiegt.

Ist das Böse jemals offensichtlicher geworden als am Kreuz? Hat man uns jemals deutlicher gezeigt, was die Mächte der Finsternis tun können? Sie waren so gegenwärtig, dass selbst die Sonne verdunkelt wurde und es schwarz wurde wie die Nacht. Die Mächte der Finsternis konzentrierten sich auf einen Mann, den Sohn Gottes, und er musste diese letzte Schlacht ganz allein bewältigen, selbst sein Vater verließ ihn dabei. Jesus kämpfte in dieser Schlacht gegen alles Böse – nicht nur das Böse menschlichen Ursprungs, denn Sie können das, was dort geschah, nicht allein den Menschen zuschreiben.

Was veranlasste die Menschen, etwas so Furchtbares zu tun, die größte Schande unserer Menschheitsgeschichte? Die übernatürlichen bösen Geister hatten alle in ihren Griff genommen und die Mächte der Finsternis verdichteten sich an einem Punkt in Zeit und Raum, während ein Mann sie bekämpfte und besiegte. Als Jesus sagte: „Es ist vollbracht", war es kein Ausruf der Verzweiflung, sondern ein Ausruf des Triumphs. Zum ersten Mal in der Menschheitsgeschichte hatte ein Mann es geschafft, von seiner Geburt bis zu seinem Tod den Willen Gottes zu tun, und alle Mächte des Bösen hatten ihn nicht davon abbringen können.

Darum hat das Kreuz die Mächte der Finsternis zerbrochen, sie entwaffnet und entkleidet, dieser Begriff wird in Kolosser 2,15 verwendet. Als Jesus öffentlich entkleidet wurde, sodass alle ihn anstarren konnten, wurden die bösen Geister des Universums bloßgestellt, sodass wir sie sehen konnten. Als der Vorhang im Tempel in zwei Hälften zerriss und der Wohnort Gottes für menschliche Augen einsehbar wurde, zerriss der Schleier, der die Augen der Menschen bedeckte und sie für das Böse blind machte, durch das Kreuz.

Aus diesem Grund ist die Auferstehung so angemessen, genauso wie Jesu Himmelfahrt. Die Bibel sagt uns, dass Gott nicht nur Jesus von den Toten auferweckte, sondern ihn auch zu seiner Rechten sitzen ließ, hoch über allen Mächten und Gewalten, allen bösen Engeln, dem Teufel und seinen Dämonen. Er steht jetzt über ihnen. Er hat sie hier unten bekämpft und gewonnen, und nun steht er über jedem einzelnen von ihnen.

Denken Sie an den gegenwärtigen Sieg, der Ihnen möglich ist. Wenn das, was ich Ihnen sage, stimmt, können Sie es durch einen einfachen Test beweisen. Nächstes Mal, wenn Sie sich dem Teufel gegenübersehen, widerstehen Sie ihm im Namen Jesu Christi, der am Kreuz gestorben ist. Wissen Sie, was dann geschehen wird? Der Feind wird wegrennen und nicht wagen, bei Ihnen zu bleiben. So steht es in Jakobus 4,7: „Widersteht dem Teufel, so flieht er von euch."

Das ist der Beweis. Dort oben gibt es einen Mann, der Ihnen die Stärke geben kann, das zu tun. Darum können Sie siegreich sein. Die Bibel sagt das immer und immer wieder. Römer 16,20: „Der Gott des Friedens aber wird den Satan unter eure Füße treten in Kürze." Johannes sagt: „Ich schreibe euch jungen Männern; denn ihr habt den Bösen überwunden" (1. Johannes 2,13b). Wie gelingt uns das? Johannes schreibt weiter, dass jeder, der aus Gott geboren ist, von Christus bewahrt wird und dass der Böse ihn nicht antasten kann.

Wenn Sie sagen: „Führe uns nicht in Versuchung", wissen Sie, wofür Sie dann beten? Es gibt eine Verheißung in der Bibel, die Folgendes besagt: Jene, die auf Gott vertrauen,

KONFLIKT ZWISCHEN ÜBERNATÜRLICHEN MÄCHTEN

wissen, dass er dem Teufel oder einem Dämon niemals erlauben wird, sie über ihre Kraft hinaus zu versuchen, sondern Ihnen immer einen Ausweg schenken wird, sodass sie keine Minute ihres Lebens von den bösen Kräften des Universums beherrscht werden müssen. Darum beten Sie: „Unser tägliches Brot gib uns heute", das brauchen Sie jeden Tag; „Vergib uns unsere Schuld", auch das brauchen Sie täglich. Allerdings müssen Sie ebenfalls täglich beten: „Führe uns nicht Versuchung, sondern erlöse uns von dem Bösen" – und Sie werden es merken.

Schließlich sagt die Bibel: „Wir wissen auch, dass wir zu Gott gehören, auch wenn die ganze Welt um uns herum vom Teufel beherrscht wird" (1. Johannes 5,19; HfA). Wird die Erde in diesem Zustand bleiben? Sind die Christen die einzigen, die jemals Gottes Macht über den Bösen erleben werden, oder gibt es noch mehr zu diesem Thema zu sagen?

Es gibt noch mehr, und ich möchte Ihnen berichten, was Gott mit den bösen Engeln tun wird. Das alles steht in der Bibel. Alles liegt letztendlich in Gottes Hand, daher können wir singen: „Er hält die ganze Welt in seiner Hand." Gott weiß, was er mit ihnen tun wird. Er hat einen Plan, den er offenbart hat. Er beinhaltet vier Schritte, vier Dinge, die er den bösen Engeln antun wird. Lesen Sie das Buch der Offenbarung, Kapitel 12 und 20. In diesen beiden Kapiteln erkennen Sie ein kristallklares Bild dieser vier Punkte. Erstens, der Teufel und seine Engel werden vom Himmel auf die Erde gebracht. Zweitens, sie werden von der Erde zu einem Ort verfrachtet, den man den *Abgrund* nennt, wir werden ihn gleich betrachten. Drittens: Ihnen wird erlaubt, für einen sehr kurzen Moment auf die Erde zurückzukehren. Viertens, sie werden in die Hölle verbannt. So sieht das Bild aus. Auch einen fünften Schritt gibt es: Es wird einen neuen Himmel und eine neue Erde geben, frei von jeder Spur des Bösen.

Waren Sie schon einmal in der Kathedrale von Coventry?

ENGEL

Wenn Sie die östlichen Stufen heraufkommen, sehen Sie zwei groteske Statuen am Gemäuer. Doch sie vermitteln eine Botschaft und beruhen auf Offenbarung 12. Oben sehen Sie eine Statue von Michael, einem der wichtigsten Engel Gottes. Unter ihm kauert dieser alte Drache, diese Schlange, Satan selbst. Das sollte Sie daran erinnern, dass Gott eines Tages Satan und allen seinen Engeln befehlen wird, für eine Zeit auf die Erde zu gehen und seinen Himmel zu verlassen.

Das ist der erste Schritt. Er besagt, dass es Krieg im Himmel geben wird und dass Michael und die Engel Gottes gegen Satan und seine Engel kämpfen werden. Letztere werden dann auf die Erde verbannt. Sie werden, in dem Wissen, dass ihre Tage begrenzt und gezählt sind, derart wütend und frustriert sein, dass sie ein Ausmaß von Bosheit auf die Erde ausgießen, welches man kaum zu erwähnen wagt. Die Welt wird sich in einem schrecklichen Zustand befinden, wenn sie von der geballten Kraft des Bösen getroffen wird. Hätte Gott diese Tage nicht verkürzt, würde niemand gerettet werden.

Der nächste Schritt besteht darin, das Böse von der Erde zu verbannen. Eines Tages wird es auf der Welt keinen Krieg mehr geben. Eines Tages wird Gott auf dieser Erde demonstrieren, dass Frieden möglich ist – wenn alle Dinge unter seiner Herrschaft stehen. Dieses Königreich, um das wir im Vaterunser beten, wird nicht durch menschliche Anstrengung errichtet. Es wird nicht durch einen „Krieg, der alle Kriege beendet" etabliert. Es wird in Kraft treten, wenn Gott Satan von der Erde vertreibt. Dann werden wir Frieden haben – einen Frieden, den selbst die Natur erleben wird: Der Wolf und das Lamm werden beieinander liegen, und der Löwe wird Gras fressen wie das Rind.

Danach kommt die Zeit, da Gott zeigen wird, was er mit dieser Welt tun kann, wenn der Teufel abwesend ist. Dem Teufel wird für einen kurzen Moment erlaubt

KONFLIKT ZWISCHEN ÜBERNATÜRLICHEN MÄCHTEN

zurückzukehren (nach meinem Bibelverständnis einzig und allein, um zu zeigen, dass selbst Menschen, die diesen Frieden genossen haben, immer noch irregeführt werden können und werden).

Dann kommt der große Höhepunkt von allem. Satan und seine Engel, ein Drittel der himmlischen Heerscharen, die er mit sich nach unten gezogen hat, werden aus Himmel und Erde verbannt und auf Gottes Müllhalde geschickt, denn genau das ist die Hölle. Niemals wieder werden sie die Geschöpfe quälen, die Gott gemacht hat. Ein Halleluja auf diesen Tag! Wie sehr freuen wir uns darauf, dass der Teufel uns nie wieder anrühren wird.

Ich wurde einmal gefragt, ob die bösen Engel einmal gerettet werden. Die Antwort ist ein eindeutiges Nein. In Hebräer 2 heißt es, dass Christus nicht für die Engel gestorben ist. Die Engel können nicht vor sich selbst gerettet werden; wir können von ihrer Herrschaft befreit werden. Sie können nicht von sich selbst befreit werden. Die bösen Engel sind auf ewig verbannt. Der alte Himmel und die alte Erde, die Gott geschaffen hatte, sind so verunreinigt und verdorben worden, dass er sie neu erschaffen will: „Siehe, ich mache alles neu." Es wird einen neuen Himmel und eine neue Erde geben.

Meine letzte Frage lautet: Wo wollen Sie Ihr nächstes Leben verbringen? Denn unser Herr hat gesagt: „Eines Tages werde ich die Nationen vor mir versammeln. Ich werde die Schafe von den Ziegen trennen. Ich werde zu diesen sagen: ‚Kommt, ihr gesegneten meines Vaters, erbt das Königreich.' Zu jenen aber: ‚Ihr geht an den Ort, der für den Teufel und alle seine Engel vorbereitet ist.'"

Ich glaube, die Menschen, die Gott abweisen, und jene, die ein selbstsüchtiges, gottloses Leben führen, und solche, denen diese Dinge gleichgültig sind, machen sich Folgendes nicht bewusst: Sie entscheiden sich dafür, in alle Ewigkeit mit dem Teufel und seinen Engeln in der Hölle zu leben. Doch die Menschen, die an den Herr Jesus glauben, die glauben, dass er gekommen ist, um uns zu befreien; die überzeugt sind, dass er für uns gestorben ist, um uns von der Sklaverei der Sünde und des Todes frei zu machen, um die Werke des Teufels zu zerstören, damit wir für immer mit Gott und seinen Engeln leben können – sie alle wollen von seiner Gnade singen, dass er jedem einzelnen von uns diese Möglichkeit schenkt.

Engel mögen manchen ein wenig unrealistisch erscheinen. Eines Tages werden sie Ihnen furchtbar real vorkommen. Eines Tages werden Sie nicht mehr anzweifeln, ob Herr Pawson wusste, worüber er sprach. Eines Tages werden Sie von Angesicht zu Angesicht entweder den guten oder den schlechten Engeln begegnen und wissen, dass Sie für immer mit ihnen zusammenleben werden. Falls Sie nicht mit den guten zusammen sind, ist das allein Ihre Schuld, denn Sie haben die Wahrheit gehört, und das Evangelium ist für alle bestimmt, die glauben. Jesus ist gestorben, um allen Gläubigen das Himmelreich aufzuschließen. Diese Worte sprechen wir auf vielen Beerdigungen – und eines Tages auch auf Ihrer eigenen.

www.ingramcontent.com/pod-product-compliance
Lightning Source LLC
Chambersburg PA
CBHW071543080526
44588CB00011B/1767